輕鬆看懂
美國職棒
EASILY UNDERSTAND MLB

許昭彥 著

推薦序

曾文誠

　　一九八九年我進入中華職業棒球聯盟所屬的《職業棒球》雜誌服務，當時我身份是採訪記者，要扮演這份角色，棒球專業知識是絕不可或缺的，因此加強自己的專業素養是極其重要的一件事。而閱讀、從書中獲得知識更是最直接的方式之一。不過在二十餘年前的時代，市面上的棒球書籍寥寥可數，多數是從日本直接翻譯過來的所謂「棒球教室」等類的書本，雖對棒球技術有一定程度的精進，但對個人要到達的目標是有限的。

　　後來無意間看到許昭彥先生所著的《美國棒球》一書，在當時可以說是非常震憾的，書名雖名為《美國棒球》，但談的不限於美國職棒而已，更多的是棒球人生、哲理的啟發。例如：他說：「棒球是技藝而不是與體型大小有關的球賽。」「棒球是團體但又是個人的球賽」「棒球是同情輸者的球賽，球隊不一定要贏才有人看，紅襪隊（在當時）、小熊隊都是常輸的球隊，但還是有人看」這些都是過去在台灣從沒有人談過的觀念。甚至在提到技術面的說法也是令人耳目一新。例如：在大聯盟比賽的投手，我們的觀念就是他

們人高馬大，每個人都球速超快，但拜讀許先生的書才發現，也有那種以慢速球取勝的智慧型投手，記得很清楚當時他的書中寫到，這位投手只有三種球路：慢、很慢、非常慢。這實在是很有趣、極有畫面的一種對投手的另類描述法，也說明了在許昭彥先生筆下的大聯盟果然是人才濟濟。

許昭彥先生的大作是我入門的重要參考，之後的十餘年間，很巧的也和他有緣再聚，當時最受歡迎的《職業雜誌》請他當任專欄作家，我那時也持續在原單位服務，所以我們算是另類的「同事」，之後，我有機會接《龍族雜誌》總編一職，許昭彥先生當然也是我們邀稿的對象，所以我們又有合作的機會，但無論是不是工作的關係，許昭彥先生的作品都是我每篇必看，而且總是有些收獲的文章。

在這些文章中許昭彥先生以他獨特的文筆，談棒球的歷史、偉大的球星，還有比賽中的人性。這麼多年來，他不僅是首位將美國棒球引入台灣的作家，也因為他個人是洋基隊迷，在王建民時代來臨前，就早已經透過他的筆告訴我們這支在美國棒球歷史上偉大球隊的點點滴滴了。

而今寫作不斷的許昭彥先生，在這些年更進一步地將美國大聯盟一些最新的觀念、包括統計、戰術等介紹給台灣的讀者，包括大家現已熟知的上壘率之外，很少聽過的「DISP」、「VORP」這些最新的棒球知識，許昭彥先生也都一一在他的文章中詳述，當然也成為我棒球筆記中一定要收藏的資料。

許昭彥先生過去出版了七本棒球書，他常念茲在茲的是能不能帶給台灣棒球迷些什麼，能不能對台灣棒球有什麼貢獻？其實這個問題早有答案，加上如今這一本，我想更是毫無疑問了。

前言

許昭彥

　　這本書能夠出版，我要感謝「聯合線上」數位出版部經理陳芝宇女士，是她介紹我給出版本書的秀威出版公司。我也要感謝美國《世界日報》前體育版編輯沈珠妮博士與「聯合新聞網」運動編輯王耀賢先生與李依蓉女士。本書四十九篇文章都是從我為這兩新聞機構一共三十年寫的所有文章中選擇出來的。

　　這本書是我寫的第十本書，可能也將是我一生寫的最後一本，所以與我寫的第一本書《美國棒球》一樣，我也要敬獻本書給我內人張紳卿。紳卿與我小時候在台北的老家相距不遠，我們上的中學也是台北最隣近的兩所男女中學，我們也進入同一所大學的同一學院，我們那時也知道對方的存在，可是我們兩人在大學四年中從未說過一句話。如果不是我們來美留學後做事時，我是在康州，紳卿是在隣近的紐約市，我們可能不會再遇到，也不會結婚四十六年，所以像我在本書中說的：「棒球與人生一樣都是與命運有關！」我與紳卿會成夫婦也是命中注定。

沒有紳卿在四十六年中照管家庭，撫養兩兒紀直與弘遠長大，我不能在我為美國雀巢食品公司工作的三十二年業餘時間中，還有時間寫棒球文章，而且現在也已寫了四十多年，所以我希望本書能表達出我對紳卿的感激之情，而且也要她知道我是多麼幸運在大學一年級時能夠遇到她，雖然那時我們沒有說過一句話。

目次

MLB

話語篇

MLB

1 打擊至理名言

二〇一三／一／二十一

　　從一九八八年在台灣出版了一本《美國棒球》（聯經出版社），到一九九七年出版了《美國棒球巨星》（探索文化）止，我一共寫了七本關於美國棒球的書，到現在我還是認為一九九二年出版的《話談美國棒球》（聯經出版社）是最珍貴。這本書是七本書中使台灣球員與球迷獲得最多美國棒球知識的一本，主因是裏面收集了美國大聯盟史上棒球人士的重要話語，人說出的話應是他們心中想法最好的表達，所以這本書也就更能使人深刻瞭解美國棒球。

　　尤其是這本書是與當時美國出版的棒球話語著作不同，那時美國的相關書籍大多只是列舉有名球星說的談話，很少依照說出話語性質加以分類。我的這本《話談美國棒球》詳細分門別類，一共列出七十四項話題，可說無所不談，而且容易查尋。不但如此，這本書也是最注重球技的話語書。例如：光是打擊球技方面，就分成一般打擊、全壘打、三振、犧牲觸擊、指定打擊、球棒、打擊率與上壘率八項，一共收集了一百五十一句，投手投球方面也包括十項。

沒有一本美國出版的棒球書有這樣的組成，我那時就認為這是一本像棒球知識的字典，這樣的看法經過二十一年後還是沒有改變，我現在如果要瞭解打擊與投球的知識，也總是再去翻看這本書。

　　所以我在二十一年前為當時《職業棒球》與《時報運動畫刊》雜誌寫這類文章的努力沒有白費，當時我住在美國康州，可說讀完了附近四家圖書館與書店中所有重要的棒球書，每次只要能找到一句有意義的話，我就覺得如獲至寶，極想告訴台灣球員與球迷！

　　我最近花了十八美元在書店買了一本棒球話語的英文小書《棒球智慧》（Baseball Wisdom），這本書在二〇〇七年初版，二〇一二年再版，這是我第一次看到包括有三章專門記載球技的一本美國棒球話語書。那三章記載「打者與打擊」、「投手與投球」、「守備者與守備」三項的相關話語，所以我就想從這三章找出沒有寫在我那本書中的話語，看有哪些珍貴的話是我那本書沒有記載的。

　　查看的結果是在「打者與打擊」一章五十一句中有九句我認為有意義，但其中五句已記載在我的書中。為著與我的那本書中關於打擊的一共一百五十一句話語比較，我也再重讀了一次，然後精選重要的，結果我選出五十四句。所以只從打擊方面，這再次證明美國到現在還沒有一棒球本書收集球技的話語，能像我那本書有那麼多精選。一位台灣體育教授曾告訴我，他用我那本書當做教科書授課。

　　這一共五十多句大聯盟史上關於打擊精彩的話語，我現在要球迷讀者與我一起再欣賞回味一番，但不要再一句一句寫出，我要

討論幾個打擊事項，然後在各項目下引用與寫下重要的話語與觀點。

例如：第一項就討論要怎麼打擊才能打得好？在大聯盟二十四季一共打出4,189支安打的柯布（Ty Cobb）說打擊卓越的打者總是有一個想法，那就是使投手畏懼他，而不是他怕投手。皇家隊最著名的強打布瑞特（George Brett）也說每次他打擊時，總是想讓投手不願與他對決，不想投球給他打，不能使他出局，他常常這樣想，也就能打擊那投手。

形容打擊困難最有名的一句話是：「棒球是圓的，球棒也是圓的，但要打出安打，圓的球棒要『方方正正』地打擊圓的棒球（hit it square）。」

三振王萊恩（Nolan Ryan，生涯5,714次三振）就說因為好的投手是比好的打者多，這證明打擊是比投球更難學。

在一本科學雜誌有這句話：「投手投一個九十英哩球速的球到捕手時是0.41秒，打者平均揮棒要用0.28秒（強打為0.23秒），所以打者必需在0.13秒內決定是否揮棒打擊。」

曾打出0.406打擊率的威廉斯（Ted Williams）說打擊的要領有一半是要靠肩膀以上的器官，他的意思是說要用頭腦。

但是比賽過最多場世界大賽、可能是棒球史上最能打擊的捕手貝拉（Yogi Berra）卻說打者怎麼能一邊想一邊打？

一位多明尼加球員也曾說過，多國球員很少被保送是因為只靠「走路」（walk也是保送的英文字）不能離開那島國。

已故的金鶯隊著名教頭威佛（Earl Weaver）說要能成為好的代打，唯一的要領是要知道對方投手於兩好三壞時最常投的球是什麼。

　　要怎麼樣打擊的「科學」方法與話語很多。例如：有一球員說0.280與0.250打擊率的差別，是要看打者是否能常打出界內球或界外球。

　　一位美國陸軍彈道專家說一支全壘打的最高高度是全部飛行距離的百分之六十，所以如果知道高度，就能知道那全壘打飛行多遠。

　　一位「頭腦專家」的打者說右手打擊時是被左腦控制，左腦有分析能力，所以右手打擊時比較容易猜測對方投法，如果用左手打擊時，因為是被右腦控制，而右腦是有直覺能力，左手打擊對投來的球的反應也就會比較快！

　　著名棒球小說家Ring Lardner說左打比右打接近一壘至少有三呎，這是他們能打出安打的優勢，所以建議右打打擊後應該向三壘跑！

　　打出3,010支安打的巴格斯（Wade Boggs）說打擊時球棒與球接觸後，如果雙手還是握住球棒的話，將減少十英哩揮棒速度，所以球與球棒接觸後，手應離開球棒。

　　一位棒球作家說打者平均揮棒速度是七十英哩，如果能增加一哩揮速的話，打出的球就能多飛五呎。

　　打者也要知道心理學，因為有一位球賽講評員與前大聯盟捕手

Tim McCarver說打者打擊時瞭解對方捕手的心理與習性，是比瞭解投手的更重要。

著名打擊教練Charley Lau說打者打擊時如果能以投手的前額為目標，打者應會有三成打擊率，這教練也說舉重雖然能增強打者的臂力，更能打出強勁的球，但這也會減少揮棒速度與敏捷度。

有名的威廉斯認為品評打者要看他們保送與三振的比例，威廉斯的比例是三比一，這強打說的一句名言是如果揮棒能夠快，就能等久些才打，能等久些就能比較容易看清楚投來的球是什麼球，不會打錯。要想揮棒快，不要用太重的球棒，不要用棒頭打球，而且在兩好球時不要想打出長打，更重要的，要看到好球才打。威廉斯也曾說要揮棒快，臀部要擺動，靠臀部動作的打擊才會更快。

一位球隊經理Syd Thrift也曾說打者持棒不要握太緊，這樣會使臀部也太緊，揮棒就不會快，也是這位經理曾說打擊要像打高爾夫球，球棒要先向下揮，打到球後勾起，這樣打出的球更會旋轉，也就會飛得更遠。

紅雀隊最著名強打穆瑟（Stan Musial）就說過可能是只有他才能說出的打擊話語，他說如果要打出滾地球，他打擊棒球上部三分之一地方，如果要打平飛球，他打中部三分之一，要打高飛球，他就打底部三分之一。

威廉斯也曾說投手投來的球飛到接近本壘二十呎時，他能看出球是往那一方向旋轉。威廉斯說他擊球非常強烈時，能聞到木棒打到球皮的氣味！

強打巴克格斯也說他可以從投手投來球的顏色猜出是什麼球，快速球是白色的，滑球可看出明顯的紅點。

紅雀隊強打穆瑟猜球的方法是比較簡單，他說知道投手的快速球與球速後，如果看到其他較慢的球時，他就能猜出是曲球或變速球。也他也說膝部是供應打擊時的「彈簧」力量，肩部是發動打擊力，手臂是用以擺動觸球，手腕控制打擊方向。

打者的姿勢各式各樣，巴格斯就說打擊是像繪畫，有的是像畢加索的畫法，草率切入，有的像林布蘭（Rembrandt），平順悠遠。那位威廉斯是隨時在改變姿勢，當他要打長球時，他的雙腳不會太分開，這樣比較容易衝前，在兩好球時，腳才會分開，而且雙手也會提高去持棒。

著名打擊教練Walt Hriniak說打擊最重要的事是頭要低下，這樣看球才能看得清楚，他認為一般打者急著想看球打出，常常抬頭仰望，這樣也就不能跟隨注視投來的球。

教士隊的名強打葛溫（Tony Gwynn）說他打擊不是出棒找球，而是等球飛來，所以球與棒接觸時是緊貼一起的，對方內野手看不到球棒打到球，只看到球離棒，他們的反應容易跟不上，所以他也就常能打出安打。

每個打者都會有打擊低潮，柯布就說會有低潮是因為常打壞球，所以他有低潮時，他的身體會靠近本壘板，這會幫助他判定好壞球，如果他對投來的球不必退後，那是好球，他就要打，如果球遠離，那是壞球，他就不打。

美國公司生產一種塑膠的威浮球（wiffle ball，有八個洞），這種協會的一位理事長建議用這種球在只有四十八呎距離投，讓有打擊低潮的打者練習，可以治療他們的打擊低潮，這理事長認為在這情況時球速不低，而且會曲轉沉降，比打棒球更難打，打者打擊這種球後，再去打棒球時，棒球也就會像西瓜那麼大，所以就容易打出，能夠解除低潮。可是有一位捕手曾說打擊低潮是像感冒無法治療的，低潮至少會持續兩個禮拜。

　　雖然大家知道打擊率不是最重要的打擊紀錄，長打率與上壘率更重要，但打擊率還是大家最注目的打擊紀錄。例如：認為三成打擊率的打者是比打二成五的打者更優越，所以有兩句話總是會令人對三成打擊率有另一種看法。

　　一是那位著名打擊教練Charley Lau說的，他說打三成的打者只是在一百次打數中比打二成五的打者多打出五支安打。一位球賽講評員也說打三成的打者只是在一個禮拜中（六場比賽）比打二成五的打者多打出一支安打而已。

　　可是能打出長打的強打就與一般打者就不同了，一位道奇隊投手就說海盜隊著名強打史塔傑（Willie Stargell）不但能打擊投手，而且也能摧毀他們的尊嚴。

　　拍大聯盟歷史電影的人士朋恩斯（Ken Burns）說全壘打是棒球賽最有力、最肯定的表達，Homerun也是英語中最有情感的字語，這表示沒有其他事比回家更好。

一位著名雜誌《君子》（Esquire）的編輯就說全壘打表現出了壯觀景象、威力、即刻滿足與英雄崇拜，這是最標準的美國現象。

　　《天生好手》（The Natural）電影劇本中是這樣描寫片中轟出全壘打的情景：那全壘打出現了，棒球衝破了球場上的燈光，全場火光閃耀，那球像一個在夜空飛行的光體，飛得又高又遠，飛過城鎮、平原……一直到最後才開始下降，落入那還有微光、金黃色的麥田。

投球至理名言

二〇一三／一／二十七

　　我在上禮拜為運動大聯盟寫的〈話談美國棒球，打擊上的至理名言〉一文得到的讀者熱烈反應，所以我現在也就要寫關於投手投球的話語。在我的《話談美國棒球》一書共七十四項話題中，關於投手投球有最多十一項，包括一般投球、救援投手、快速球、曲球、滑球、變速球、快速叉指球、蝴蝶球、防禦率、無安打比賽與非法投球。

　　為寫此文，我在一共一百九十九句話語中精選八十八句。我也再從那本美國棒球話語書《棒球智慧》（Baseball Wisdom）的「投手與投球」一章共六十二句中選出十句，其中有三句已記載於我那本書中。

　　以下便是根據這兩本書共九十多句精選話語中，討論投手投球的各項主題。

要當投手的資格

大聯盟贏了最多五百一十一場的投手賽揚（Cy Young）說：「投手像詩人一樣是天生的，不是培養出的。」

可是打出0.406打擊率的強打威廉斯（Ted Williams）不是那麼尊敬投手，他說：「投手是球隊中最笨的一員，他們除了投球外，其他什麼事都不會做。」

喜歡說笑話的裁判Ron Luciano說：「投手睡覺時不睡在他們投球的手臂上。」

投手Steve Stone認為投手要有決定投法的自信心，他說除非將來比賽紀錄會寫「敗戰捕手」，而不是寫「敗戰投手（losing pitcher）」，他是不會讓捕手來決定投什麼球。

投球要領

最有名的一句話可能就是在大聯盟二十一季、以左投贏最多三百六十三場的投手史潘（Warren Spahn）講的，他說：「打擊的要領是適時揮棒（timing），投球的要領就是要擾亂（upsetting）這打擊要領」。他也說：「投手只需要能投兩種球。一種是打者預測會投出的，另一種是他們意想不到的。」

類似的道理，有名的投手教練Roger Craig說：「投球可說主要是投手與打者的互相反應程序，所以投手也要跟隨打者，而有相同的想法。」

名投手Tommy John就會運用這要領，他說：「面對一強打時，我常會先投兩壞球，他就會想我下一球將投快速的好球，準備要揮大棒，可是那時我卻投出慢速的曲球或伸卡球，他也就打不出安打。」

投手VS.打者

著名棒球作家Leonard Koppett說：「打者其實不是攻擊者，投手才是。投手決定什麼時候投球與投到何處，他是主動的，打者是被動的。」

一位投手也說投手是像打網球時開球的人，他們總是佔上風。

一般人也都說棒球賽是投手投球佔七成重要性的比賽，所以最近去世的前金鶯隊教頭威佛（Earl Weaver）就說：「棒球賽勝敗幾乎都是投手控制的，所以也就有點單調（dull），但大家就是不想聽這樣的話。」

道奇隊著名投手柯法斯（Sandy Koufax）說過一句投手與打者關係重要的話語，他說：「當我不再想使打者打不到球，而開始要讓他們打到球時，我也就變成了好投手。」

三振王萊恩（Nolan Ryan）則說：「當我投球時，我的視線像隧道一樣直通捕手，我只看到捕手，不感到有打者存在。」

投球動作

道奇隊最著名球隊經理雷基（Branch Rickey）說：「投手用手臂與手腕控制球投出時的快慢，手指壓力控制球旋轉的速度，手指握球位置控制球旋轉的方向。」

道奇隊的著名投手郝西瑟（Orel Hershiser）說：「投手投球好壞與他的腿息息相關，投手投球是像揮鞭，當鞭子的尖端有急速時，就是因為鞭子的柄端突然停止，有抽回動作，那柄端便是投手的腿，所以強投也就必需要有一雙強而有力的腿。」

一位投手教練是這樣教導投球：「投手投球時身體要稍退，慢慢舉手，動作緩慢。可是球出手時要即刻爆發投出，這種由慢變快的動作會使打者的視覺不能應付，也就不能打到急速飛來的球。」

一般人都認為投手的整個投球動作要快，一位內野手就說這會使他們更警惕，守備更好。金鶯隊著名投手教練Ray Miller就說一場比賽中投手一共要投一百二十到一百二十五球，有時甚至投一百六十球，所以在大熱天投到第五局時，後邊守備的人就會疲乏了，如果投手投球慢吞吞，守備者怎麼能專心？這教練著名的格言便是：「Work fast（投球快）、Change pitches（更變球路）、Throw strikes（搶好球數）。」

投球要素

前運動家隊名投史都華（Dave Stewart）列出一個投球的物理公式：球速×游動狀況×投球位置。

評論員與前捕手Tim McCarver也說投球的要素是球的游動（movement）、球位控制（control）與球速（speed）。

球的游動

這是很重要，名投Tommy John就說：「球會游動就使好球帶增寬，會游動的球能從外邊游入或從中溜出，知道這種球的裁判也就常會寬容而判好球。」

前道奇隊知名教頭拉索達（Tommy Larsoda）就說寧願要有球速不快、但球會游動半個球距離的投手，也不要能投九十五英哩高速，但只會投直球的投手。他說在大聯盟即使投手能投出像子彈一樣的球，但因為是直線飛行，強打也能打到。

進壘點控制

能夠控制投球位置與球會游動是同樣重要，大投手史潘就說：「本壘好球帶是十七吋寬，但我不投到中間的十二吋，我要投到各邊的二點五吋。」

一位作家也說著名大投手亞力山大（Grover Cleveland Alexander）能夠投球投到捕手手中拿的空罐！

一位教練也說過大投手克萊門斯（Roger Clemens）除了能用直球、曲球、滑球與叉指球投快速球外，他投出的好球也不會投到好球帶中間。

　　運動家隊著名救援投手艾克斯利（Dennis Eckersley）說：「我能控球好是因為我不投高速球，而且我的曲球也是橫向投出的，這樣球飛過本壘時一定會飛過好球帶，所以容易被判為好球。」

　　比賽評論員Tim McCarver就說大聯盟與小聯盟投手的差別不是球速的不同，而是進壘點控制的不同。大投手杭特（Catfish Hunter）能夠一吋、兩吋、三吋逐漸地離開好球帶，使打者打不到而出局。

　　如果投手不能有好的控球，有一位教練就笑說他投出的球就常會落下到外野後的座位區！

球速

　　大都會隊著名投手席佛（Tom Seaver）就說投球三要素中球速是最不重要的。

　　萊恩（Nolan Ryan）也說球速是他品評投手中最不重視的。有的老投手球速減低了，但還能在大聯盟生存，這才會有一句這樣的妙語：「這是一位在七〇年代投九十哩球速，但在九〇年代七十哩球速的投手。」

　　可是球速的變化是很重要，投手教練米勒（Ray Miller）就

說：「如果快速球與滑球的球速有七英哩差別，與變速球的差別有十五到二十英哩的話，投手就能愚弄打者，使他們打不出安打。」

棒球作家Leonard Koppett也列出更廣義的投球要素，他說利用時間（球速變動）、空間（上下左右投球位置）、飛行軌線（球向改變）、欺詐（欺騙打者）、打者資料（弱點）與計策（打者選球的限制）就能使打者打不出安打。

好球與壞球

好的投手會使打者不容易辨別投出的球是好球或壞球，所以一位投手就說投球的祕訣是要使打者誤認一個壞球是好球。

道奇隊投手赫西瑟（Orel Hershiser）就說：「投壞球不是錯誤，投出滯留在好球帶太久的球才是錯誤。」

比賽評論員Tim McCarver就說：「投手投球的要訣是先要投好球多於投壞球，然後投壞球使打者也要打而出局。」

萊恩（Nolan Ryan）說：「一好兩壞好球時，我會投接近打者的球，這是因為打者多半猜想我會投偏外側的壞球，一好兩壞球時，我會投到偏外側、遠離打者的球，這是因為打者大多猜想我會投好球，他們也就常會揮大棒，但打不到球。」

投第一球是好球的重要

投手教練米勒（Ray Miller）說：「如果投出的第一球是好球的話，投手就有五個機會再投出兩好球而使打者出局。」

打擊球星摩根（Joe Morgan）說：「有一季的棒球統計顯示在一好零壞球情況時，打者的平均打擊率只有0.229，在零好一壞球時，平均打擊率是0.267。」

有位球員就說在一壞零好球情況時，打者不難猜出投手會投出什麼球，可是在一好零壞球時就不易猜出，這是投手投第一球要投好球的原因。

有位作家也說打者打第一球的平均打擊率只有0.190，所以投手投第一球時就應該投好球。

左投的優勢

金鶯隊著名投手帕馬（Jim Palmer）說：「左投的優勢是使對方已上壘跑者較難跑壘。例如：對方有人在一壘，左投面對的常會是右打，如果打者打出一支一壘安打的話，打出的球常會落在左外野，在一壘的跑者最多只能跑二壘，不易推進到三壘。如果是投手是右投的話，他常會面對左打，打者打出的球常會落在右外野，那在一壘的跑者就比較容易跑到三壘，要得分也就比較有可能。」

有位記者也說球隊總是要用左投，一般九個人中只有一個人是左撇子，但大聯盟三個投手中就有一個是左投，大家都認為左投投出的球比較會游動。

有位教練就認為應該有投手左右手都能投球，他認為這是可訓練出的，如果能夠這樣投的話，這就等於派兩個投手上場比賽。

救援投手

一位教練形容投手與打者是像一對跳舞的舞伴，當打者打得好時也就是兩人跳得好的時候，所以教頭要派救援投手上場時，也就要選一位跳法（投法）不同的投手。

一位裁判說：「救援投手必需常有機會上場投，他才能投得好；但他也必需要能投得好，才常會有機會上場投，所以要能當好的救援投手是不容易。」

一位救援投手也說：「我以前以為救援投手一季只投六十到七十局，比先發投手的一百八十到兩百局少，救援投手應該會有較長的棒球生命。可是事實不是這樣，救援投手每天都要練投準備上場，練投的次數就比上場的次數多兩三倍。」

《運動畫刊》雜誌認為救援投手最正確的紀錄，應該是他們上場救援時被已上壘的對方跑者得分的百分率，最好是3.7%，最差是36.4%，這紀錄常與他們的救援成功場數無關。

球路的種類

球路可分成有兩大類，一種是直球，另一種是不是直球的其他球路，稱為變化球（breaking balls）。

一位作家就這樣形容變化球：「曲球是變化球家族中的元老，這家族除了曲球外，還有滑球、蝴蝶球、變速球、螺旋球、快速叉指球。這家族也有做非法事的『黑羊』，像唾液球與磨切球，變速

球也可說是這家族中頭腦比較遲鈍的一員。」

⚾ 直球（快速球）

大聯盟史上最有名的快速球投手是詹森（Walter Johnson），有一句形容要打擊他的快速球話語：「看到他的手臂投出球時就要揮棒！」

大聯盟史上可能也只有詹森不投（或不會）曲球，他不需要投那種球。投快速直球要用力，容易疲乏，所以投手要常投球鍛鍊身體。

一位球隊健身教練就說有的小聯盟球隊只用四名投手輪流先發，原因就是要使投手有更多機會練身體。

⚾ 曲球

一位著名投手布萊雷文（Bert Blyleven）說：「有的裁判決定曲球的好球，是依球落下被捕手接時的位置，有的是在球飛過本壘時的位置，所以我投曲球時就要看裁判的判法來投。」

道奇隊投手郝西瑟（Orel Hershiser）說：「我最好的曲球不是投出時就弧度明顯的，我最好的曲球是開始時像快速直球那樣飛行。」

一位作家說投手丘愈高，投出的曲球愈佳。因為曲球難打，一位比賽廣播員就說曲球使最多的球員變成廣播員。

一位作家也說有曲球才使體格較小的投手能在大聯盟生存。發

明曲球的投手康明斯（Candy Cummings）身高是五呎九吋，只有一百二十磅重。如果快速球是一支口徑大的手鎗，曲球就是藏在袖口的一支小手鎗。根據一位美國物理學家Lyman Briggs的試驗，曲球的曲轉與球速無關，但與球的旋轉次數有關。

滑球

　　大都會隊著名投手席佛（Tom Seaver）說：「因為滑球飛到本壘時會曲轉，打者不認為它是快速球。可是這球速度快，打者也不認為它是曲球。」

　　一位投手教練就說以前打者看不起滑球，說這種球只是「五分錢的曲球」（a nickel curve），可是他們還是不能打這種球。

　　比賽評論員Tim McCarver說滑球的曲轉是與地面有點平行，但曲球是垂直方向降落的。

　　可能是這樣的差別，三振王萊恩就說他沒有看到一位投手同時能投優越的曲球與滑球，投手必需在這兩種投法精練一種。

　　大投手威廉斯說打者要打滑球的秘方，是身體要很快超前打出。

　　一位作家認為滑球是被打出很多全壘打的一個原因，因為如果滑球曲轉不大，它只是一個不快的直球而已。

變速球

　　道奇隊投手Orel Hershiser認為打者能從投手的手臂揮動速度猜測球投出的球速，可是投手可用不同握球方法投出不同球速。例

如：只用手掌，不用手指握球就只能投出慢球，但投手的揮臂速度如果像是要投快速球的話，這就能捉弄打者，使他們太早揮棒而打不到。不但如此，當投手在下一球投出真正的快速球時，就算只有七十英哩球速，打者看到了，也會以為是八十英哩，這也就使投手有很多投球武器。

所以一位投手就說他有三種投法：「變速球、變速的變速球，變速再變速的變速球。」

變速球（change up）的原名是「change of pace」，意思是「變更步調」，所以投手如果投出與前一顆不同球速的球，可說就都是變速球。

快速叉指球

形容這種球最有名的一句話是一位教練在談大投手蘇特（Bruce Sutter）投這種球時說的，他說蘇特投出快速叉指球時像是投快速球，可是這球飛到本壘時，它看起會突然停止，像是飛機等待要降落那樣……。

前巨人隊教練Roger Craig說投這種球時，中指與食指要盡量分開，用手指底端持球，所以能投出快速球，但不大會旋轉，因為是用手腕抽釣向下的動作投出，球是向前轉，飛到本壘時就會突然從好球帶降落溜出，不會是好球，所以投出不佳的快速叉指球才會是好球。

比賽評論員Tim McCarver也就說這種球的作用是使打者誤認

壞球為好球。

蝴蝶球

形容這種球最有趣的一句話是一位捕手說的，他說蝴蝶球飛來時是有點像女人，如果窮追他，你追不成，打不到，可是如果耐心地等，她就會來找你，你也就能打到。

一位作家也說蝴蝶球飛行時是像醉漢走路，左右搖擺。有人也說沒有兩個蝴蝶球是完全一樣的。蝴蝶球是用指尖與指甲彈出的球，所以球沒有旋轉，飛行時也就隨空氣飄動。

一位作家就說有人從華盛頓紀念高塔上丟落一棒球，因為那球沒旋轉，所以落下的方向不定，一位捕手也就要在第十三次後才能接到。

一位投手就說如果風從投手背後吹來，投出的蝴蝶球不會怎麼飄舞，可是如果風吹向投手臉部，球就會飄動，所以這是最難控制的投球。

蝴蝶球投手Charlie Hough就說：「要當蝴蝶球投手必需要有盜賊的神經與佛教徒的鎮靜心靈。」

大投手

Rockwell公司曾用精確儀器測量出三振王萊恩（Nolan Ryan）的最高投球速度為100.9英哩。

著名黑人投手貝其（Satchel Paige）投球揮臂時是像風車轉動。

大投手亞力山大（Grover Cleveland Alexander）在一場比賽將要勝利時，叫捕手通知對方新秀打者，說他將投出在本壘中間、容易打的好球讓他打。

教練至理名言

二〇一三／二／十八

　　美國棒球教頭的功勞總是很少被人肯定，一般看法是如果球隊沒有好球員，教頭是無能為力的，而球隊要有好球員就必需要肯花錢，洋基隊常常會贏就是一個例子。因此在美國棒球教頭的貢獻與能力常常是不被重視。

　　例如：洋基隊從一九四九年到一九六〇年的名教頭史丹格（Casey Stengel），他在加入洋基隊前八年是道奇隊與紅襪隊前身兩隊的教頭，這兩隊在他領導下從未得第一。他加入洋基隊後十二年，洋基隊有十年都是第一，可是他後來離開洋基隊加入大都會隊後四年，大都會隊每年也都是在末位。

　　所以有一句嘲笑史丹格的話便是這樣說的：「我是唯一在史丹格加入洋基隊以前與離開後一共率領的三隊中都是他的球員，所以我可說是史丹格在洋基隊變成了教練奇才（genius）之前與之後、還不是『奇才』時的球員。」這球員就是名投史潘（Warren Spahn）。

　　可是有的教頭當然是能貢獻。例如：現任金鶯隊教頭蕭瓦特

（Buck Showalter）就是一個例子，他是洋基隊在一九九六年贏了世界大賽冠軍之前四年的教頭，大家都認為是他與那時的洋基隊球隊經理麥可（Gene Michael）組成了那冠軍隊。蕭瓦特離開洋基隊後去新創立的響尾蛇，他在三年中（一九九八年至二〇〇〇年）打造出一支勁旅，在他離開後的隔年（二〇〇一年）就贏了世界大賽冠軍，而且是打敗洋基隊。

蕭瓦特從二〇〇三年到二〇〇六年是遊騎兵隊教頭，遊騎兵隊在二〇〇二年只贏七十二場，他加入後在二〇〇四就有八十九勝。他在金鶯隊三年中（二〇一〇年至二〇一〇年）就使這隊從墊底球隊變成季後賽隊，所以他一定是一位能夠貢獻的教頭。

本文就是要從教練的話語，希望能看出美國教練對球隊的貢獻是多大？他們對球員的看法是什麼？他們怎麼當教練？他們要怎麼贏球？人們怎麼品評教頭？

此文一共六十多句中，有五十多句是從我的《話談美國棒球》與《美國棒球（技藝篇）》兩書中引用，有十二句選自美國棒球話語書《棒球智慧》（Baseball Wisdom）。

評選球員

前洋基隊捕手史坦利（Mike Stanley）說：「蕭瓦特（在洋基隊時）選擇球員最注重的不是他們的球技而是他們的品行，他要知道球員是什麼樣的人。」所以很顯然地陳偉殷的品格是被這教頭看重。

洋基隊那位「奇才」教頭史丹格與蕭瓦特不同，他可能只專門注意會搗蛋的球員，所以他才會說出這樣的話：「一隊二十五名球員中，我不會擔心那十五名先發球員，我不必花時間去指導他們。我要花點時間鼓勵其他五名偶爾比賽的板凳球員，但那最後五名不常比賽的球員，我才要時時注意與擔憂，這五名是有可能發起革命反叛的。」

　　他也說：「這位球員不抽煙、不飲酒、不追女人、不晚睡覺，但他打擊率還是不能超過兩成五。」

　　就是這史丹格也說出這句名言：「比賽前夜與女人一起，對球員無害，整夜不睡找女人，那才有害。」這可能是第一句關於球員與性的話語，所以他可能真的是有點「奇才」！

　　老虎隊現任教頭李蘭（Jim Leyland）知道球員光是品行好、認真比賽是不夠的，他就說過：「我不要只能認真努力比賽的球員，我在小聯盟就是這樣的球員，我就是一直待在小聯盟1A隊不能晉級。」

　　前道奇隊名教頭拉索達（Tom Larsoda）說：「球員有三類，第一類能改變局勢、使事情發生，第二類是看事情發生，第三類是不知有什麼事發生。」

如何與球員相處

　　前大都會隊經理卡申（Frank Cashen）說：「要找到一位能調派投手的教頭不難，但要找到一位能與二十四名球員溝通融合的教

頭才是不容易。」

洋基隊教頭史丹格說：「當教頭的秘訣是將恨你的球員與還未決定是否恨你的球員隔開。」

已故的前金鶯隊名教頭威佛（Earl Weaver）說：「我認為教頭應該與他的球員隔離，我就頂多與羅賓森只講過十句話。」羅賓森（Frank Robinson）是金鶯隊著名強打。

前道奇隊教頭拉索達說：「管一隊球員就像手握一隻小鳥，握得太緊會掐死這鳥，握得太鬆了，鳥會飛去了。」

棒球統計大師詹姆斯（Bill James）說：「不要對一位球員太早就放棄，要等到已有代替他的人時才能這樣做。」

當教頭的資格

美國大聯盟教頭在當球員時大多是打擊不佳的二壘手、游擊手與捕手。

一位棒球作家就說：「打擊不佳的球員常常坐板凳，他們就有很多時間觀察與研究比賽，所以後來也就常能當教頭。」

因為教頭當球員時常常沒成功，所以前紅雀隊教頭何照克（Whitey Herzog）才會說：「當我不再當球員而改當教練後，我的棒球命運才轉佳。」

在二十多年前一位棒球作家說大聯盟史上有五位教練原本是律師，其中四位後來都被選入棒球名人堂，只有一位還沒有退休，也還沒被選入名人堂。

這位作家說的教練就是前年贏了他的第三次世界大賽冠軍、已退休的紅雀隊教頭拉魯沙（Tony La Russa）。他將來也一定會被選入名人堂。拉魯沙當球員時也是不能打擊，他是一共只比賽一百三十二場的內野手，只打出0.199打擊率。

教頭的種類

一位球隊經理說：「馬丁（Billy Martin）是三小時比賽的第一等級教頭，何照克是一天二十四小時的優越教頭。」

馬丁是前洋基隊知名教頭，比賽時總是情緒激烈，競爭心強，但不大能管球員。這教頭對人生的看法是「在烏雲與雷雨之後，才會有彩虹。」他去世時也是處於激烈的狀況，因為他是酗酒駕車失事死去的。因為大聯盟教頭難做，常常不能當很久。

一位教頭就說：「教頭可說只有兩類，一類是能贏球的教頭，另一類是前教頭。」

教頭的難為

因為大聯盟教頭職位難保，一位曾被任命為金鶯隊的代理教頭（interim manager）就說大聯盟教頭的職位不就是全是暫時的？

一位紅襪隊經理說他將該隊教頭炒魷魚的主因，是他不能將全隊球員炒魷魚。

著名作家史密斯（Red Smith）說他只能想出大聯盟只有三位不曾被炒魷魚的教頭：一位是生病自己辭職，一位是在職時逝世，

另一位麥克（Connie Mack）不但是教頭，而且也是擁有該隊（費城人）的老板。

前紅雀隊教頭何照克說：「當觀眾到球場看比賽時，每一個觀眾都變成了教頭，這是會令人氣惱！」

二十多年前《今日美國》報紙報導說：「除了老虎隊與道奇隊教頭外，其他二十四位教頭的平均任期只有兩年兩個月，在二十年前也是只有兩年一個月。」

很可能二十多年後的現在也是一樣。

教練要領

前紅雀隊教頭何照克說：「教頭首要任務是組成救援投手陣容，然後才解決其他球員問題。」

也當過教頭的前洋基隊捕手貝拉（Yogi Berra）說：「如果沒有好的救援投手陣容，這球隊是一無所有。」

《今日美國》報紙報導前雙城隊教頭凱利（Tom Kelly）的教球要領是要盡量使用球隊中的每一個球員。

前金鶯隊教頭威佛也說：「我不注重球季開始時的球隊勝敗，我知道這是很長的球季，所以我開始時總要盡量讓所有投手都上場比賽投球，我這樣做常會使我的球隊那時不能得勝。」

也是威佛說他為什麼常要與裁判爭吵的原因：「如果我與裁判大聲相罵，球員就不會罵；如果我被趕出場，球員就不會被趕出去，教頭是要使球員留在球場。」

教頭任務

著名棒球作家與評論員嘉曼斯（Peter Gammons）說：「品評教頭的事項包括他們應付新聞媒體的能力、管理球員的才能、教練與準備比賽、品評球員球技與投手的調用。」

已逝的著名紅人與老虎隊教頭安德森（Sparky Anderson）就會利用媒體做他比賽前的心理攻勢，有人說他那時總會說甜言蜜語，總會誇獎對方好強，他自己球隊好差。

一位作家也說教頭在比賽前應該要知道的是對方強打那時的打擊情況，要知道對方會被三振的打者是誰？投手常會投的第一球是什麼球？

一般教頭也負責比賽時投手要投什麼球，但天使隊教頭索西亞（Mike Scioscia）說教頭不應該指導投手投球，他認為教頭不能看到對方打者腳的移動，所以不知他們打擊姿勢的變動，教頭也就不知投手應該投那種球。

一位前洋基隊打擊教練認為比賽前觀察對方打者練打，可以幫助決定投手應該投什麼球對付他們，他認為打者練打方法與比賽時常常相似。

一位作家說：「比賽時的前五局是投手的比賽，五局後才是教頭的。」

得勝妙方

最有名兩句話都是金鶯隊前教頭威佛說的：一句是：「如果教頭只想贏一分，他的球隊也常會以一分輸了。」另一句是：「要想贏的妙方是有好的投手投球，知道基本要領與能打出三分的全壘打。」

前白襪隊知名老板維克（Bill Veeck）也說：「我想得冠軍的公式是能打長打與有好的投手，我認為靠跑壘與守備只能成為第二等級球隊。」

洋基隊教頭史丹格也說過兩句話真能顯示他的「奇才」，一句是：「大部分比賽都是自己球隊輸去的，不是對方贏勝的。」另一句是：「強投總能制服強打，反之亦然。」

一位作家說：「球隊都是以大局（big inning）攻分得勝的，去年有七成得勝的球隊在單一局的攻分就比對方攻出的總分更多或相等。」

輸球哲學

洋基隊教頭史丹格說：「棒球比賽終究也是會輸，所以輸球的時候也要輸得對（lose them right）。」

金鶯隊教頭威佛必然與史丹格志同道合，所以他才會這樣說：「我不願坐在板凳一事不做而輸球，我寧願那時有調派球員而輸」。

一位記者說：「如果球隊在一場比賽中輸球時，最好要早一點輸，這樣才有時間趕上。」

比賽壓力

金鶯隊前教頭威佛說：「每次我在球局間沒有心情去抽煙時（應說為沒跑到休息室去偷抽），對方總是會在下一局攻分。」

天使隊前教頭毛奇（Gene Mauch）說：「當我要贏球的心情比球員更熱烈時，也就是我帶隊有問題的時候。」

一位教頭說：「在季終各隊競爭激烈時，我寧願落後兩場，不願超前兩場，因為這樣我才不會感到有精神壓力。」

前勇士隊與洋基隊教頭托瑞（Joe Torre）說：「我輸球或贏球後都不好睡，但贏球後次日起床時是比較愉快。」

品評教頭方法

著名棒球作家考佩特（Leonard Koppett）說：「一般來講，不佳的教頭使球隊輸去的場數，是比優越的教頭會使球隊贏的場數多。」

現任國民隊教頭強森（Davey Johnson）說：「品評教頭最好的方法是將球隊整季勝敗場數與這隊的得分失分比較，如果球隊輸分比得分多，而這隊勝場還比敗場多時，這就表現教頭有優越能力。」

這是一句非常正確的話語。例如：去年金鶯隊的得分與失分可說相似，得了七一二分，失了七〇五分，但金鶯隊居然有九十

三勝六十九敗戰績，贏了外卡，這不就是那教頭蕭瓦特的功勞很大？

美國一家棒球統計機構Elias Sports Bureau的一個品評方法，是以球隊近年來的趨勢去預測球隊本季的勝敗場數，然後與實際戰績比較，認為這能看出教頭的功勞。這機構在二十多年前就認為前洋基隊教頭馬丁就是大聯盟史上最優越教頭，因為馬丁總能使被預測會輸的球隊贏了。他在一九六〇至八〇年代到了大家認為會輸的雙城隊、老虎隊、遊騎兵隊、洋基隊與運動家隊時，他在第一次帶領整季的一年都使每隊的勝場多於敗場，都變成了強隊。

4 守備至理名言

二〇一三／二／四

比起打擊與投球，棒球守備的功勞總是容易被忽視，這可從現在還為《華盛頓郵報》寫棒球的著名作家包士維（Thomas Boswell）在二、三十年前說的一句話表達出來，他說：「棒球守備像詩那樣美的動作會被看到，但守備的偉績（virtue）是看不到的。」

這是真情真語。例如：每年得了冠軍的球隊，投手與打擊表現總會被讚揚，但守備很少被提起。沒有好的守備，投手不會投得好，球隊的攻分也會不夠，不能得到冠軍。

所以這篇文章就是要談球員守備的重要，我一共收集了一百多句話語，有九十多句是從我寫的《話談美國棒球》、《美國棒球（技藝篇）》與《美國棒球巨星》三本書中引用，有九句是從一本美國棒球話語書《棒球智慧》（Baseball Wisdom）找到的。

守備的重要

前大都會隊教頭哈吉斯（Gil Hodges）說：「如果對方打擊強，可以用保送對付他們，可是如果對方守備優越，這是無法應付

的。」

一位內野手說：「好的守備是像好的裁判，沒有狀況時，不會覺得他們存在，可是有問題時，才會體會到他們的珍貴。」

著名洋基隊教頭史丹格（Casey Stengel）就說：「我不要能攻出兩分、但會失掉三分的球員。」

守備的困難

前洋基隊教頭麥卡錫（Joe McCarthy）說：「當接球不成有失誤時，不要怪球觸地時跳躍不正常。要知道跳躍正常的球，任何人都能接到的。」這位教頭也曾說：「有的球員能將不可能接到的球像平常的球那樣容易地接下，但有的球員接到平常的球時，總是像那是不可能接到的。」

洋基隊打擊球星傑克森（Reggie Jackson）守備不佳，他自己就說：「我如果要想得到金手套獎，我必需要去買一罐金色顏料。」

一位投手教練說：「守備失誤有體能（physical）與心智（mental）兩種，我相信沒有球隊因為體能失誤而不能得冠軍，但我相信心智的失誤會導致敗戰。這種失誤有對教練的信號不注意或誤解、傳球傳到不對的壘包、從外野傳回來的球太高、沒有跑到應該去守備的壘包等。」

守備率

一位棒球作家說：「有一位球員有0.986守備率，他得了金手套獎，另一位球員有0.953守備率，在一季中有四十次失誤。可是後者比前者有多八十二次守備機會，其中也有更多二十八次雙殺次數。」

這句話是說比較大聯盟的守備率是沒什麼意義，他們都是不差，大多是超過0.950守備率，所以看他們能表現多少守備次數（防區多大）才是更重要。內野手中三壘手的守備率是最低。例如：一九七〇年代的十年中，三壘手的平均守備率是0.975、游擊手0.985、二壘手0.989、一壘手0.996、外野手也是0.996。

一個比較有意義的守備率是守備效率（Defensive Efficiency Rating，DER），這算出球隊或球員使對方打者打到的所有球中出局的百分率（所以不包括全壘打數、三振數、保送數與觸身球數），有一季大聯盟三十隊中最佳的DER是0.735、中等的是0.710、最差的是0.693。

界外邊線守備

金鶯隊著名投手帕馬（Jim Palmer）說：「我不喜歡一壘手與三壘手在比賽尾局時靠近界外邊線的守備，我知道這樣守備是要防止對方打出二壘安打而攻分，可是這也常會使普通滾地球穿越防線而變成一壘安打。要知道靠投手的投法也能防止打者打到界外邊

線。例如：投出那遠離打者的球。」這種靠近界外邊線、避免被打出二壘安打的守備，常會導致被打出一壘安打而使對方展開攻擊，所以一位比賽評論員就說這是教頭為了避免輸球，但反而會導致輸球的作為。

雙殺守備

一位教頭說：「雙殺是否會成功決定於第一次傳球，因為這傳球是否投到適當位置，會影響接球者是否能很快再傳出而完成雙殺。」

現在國民隊教頭強森（Davey Johnson）就說：「站在二壘接球，然後再傳向一壘而完成雙殺，是要有鬥牛士的鎮靜心靈。」

有一位作家也說：「腳踩二壘要完成雙殺，對方跑者衝來，就像在火車急駛過來時在鐵軌上跳舞。」

所以要完成雙殺時出球（release）要快，海盜隊著名二壘手Bill Mazeroski因為出球很快，就有「無手者（No Hands）」綽號。人們說出球要快，需要用小球套。

著名教頭Whitey Herzog說沒有完成的雙殺如果記錄下來，就可以正確地品評內野手雙殺能力。

在美國棒球如果雙殺是從三壘傳球到二壘再傳到一壘而完成的，是被稱為「Around the Horn」，這是說像從大西洋要到太平洋，不經過巴拿馬運河捷徑，而是遠程南下，繞過南美洲尖端合恩角（Cape Horn）的航行方法。

全壘打牆守備

有人說左外野手不需要能投出四百呎遠的球，但要能判斷在四十呎內球撞到牆後會怎樣彈回場內，他要能判斷角度才會節省時間。如果右外野手是右手傳球的話，他拾起撞到全壘打牆的球後，不能像左外野手可以馬上回傳，他必需轉身（逆時鐘方向）才能投回內野。這不但是要用時間，而且也常會影響傳球的準確度，所以右外野手最好是用左撇子。例如：曾當右外野手的貝比‧魯斯。

中外野手雖然比左右外野手比較少有球碰到全壘打牆與追球的狀況，但中外野手如果有臨牆接球情況時，常常就是他們自身碰牆，而不是球碰牆的，受傷的可能性大，有人就說過去有一位道奇隊中外野手撞牆後十天不省人事，可是他在昏迷後那球還在手中！

內野手形象

我少年時候最喜愛的小說是法國小說家大仲馬寫的《俠隱記》，後來看了很多美國大聯盟棒球賽（尤其是洋基隊），也就有驚奇的發現。

我認為大聯盟的四位內野手總是有那《俠隱記》小說中四劍客的個性與形象：例如：一壘手總是像那高尚與高大的亞島士，二壘手是像那不高、心智單純、勞工階級的波托斯，游擊手是像智力與武技雙全的英雄達太安，三壘手是像那沉靜、有點神秘的獨行俠亞拉米。

我在《美國棒球（二）》書中就這樣描寫，現在已二十多年了，我覺得我沒有說錯，至少我看到的洋基隊四位內野手總是有這四劍客形象。例如：現在的洋基隊一壘手塔薛爾拉與游擊手基特不就是最典型的亞島士與達太安？洋基隊以前的三壘手巴格斯（Wade Boggs）、現在的A-Rod與尤克里斯（Kevin Youkilis）不就是亞拉米？有人也說一壘手的手臂要長，二壘手個性要強硬，游擊手傳球要急速，三壘手反應要快，捕手手臂要有力。

外野手形象

前道奇隊打擊教練Mickey Hatcher說：「中外野手要能跑，右外野手要能傳球，左外野手要能打擊。」

大聯盟史上最有名的守備就是一九五四年紐約巨人隊中外野手梅斯（Willie Mays）在一場世界大賽與一支四百三十五呎遠高飛球競跑的情景。右外野手要能遠距離傳球，使要跑到三壘的對方跑者出局，所以右外野手就要有：大槍「（rifle）」或「巨砲（cannon）」的手臂。因為從左外野要傳到內野是最短，投球到內野不難，所以打擊不錯但已是不大能守備的強打，也就常當左外野手。

一位作家就說過球員常被形容為「天生」要當某位置球員，但他沒聽過有人是「天生」要當左外野手。人們也就總會看到左外野手在左外野全壘打牆下追球，所以有一位教頭就嘲笑他的左外野手，說他追球的動作比電影上的慢動作還慢！

一壘手守備

一壘手最好是用左撇子，因為這樣他攔到球後傳二壘時不必轉身，也比較容易接到打到一、二壘間的球，他接到投手投來的球也較接近對方跑者，比較容易觸殺他們。

一壘手也是攻擊主將，大聯盟史上約有三分之一全壘打是一壘手打出的。例如：老虎隊這幾年來的一壘手不就是兩位全壘打大將？

雖然一壘手接球多是很忙，但一壘可說是比賽時全球場唯一的交際場所，像那前運動家隊一壘手麥奎爾（Mark McGwire）就說當一壘手不會無聊，總是可與人談天。

二壘手守備

我曾在書中說如果一壘手是關公的話，二壘手便是張飛。以前勇士隊有一位名叫藍基（Mark Lemke）的二壘手就真的像張飛！張飛不像關公那樣會打全壘打，所以他們要努力打拚才能生存，他們是勞工階級，接球次數多。他們如果站在二壘要完成雙殺，受傷的可能性也較大，但這是比賽重要的守備，所以他們的任務重大。

三振王萊恩（Nolan Ryan）也認為二壘手接住打來的滾地球是他們主要守備動作，他就曾批評一位二壘手接這種球時不曲膝，說他不應該只彎腰去接。

三壘手守備

著名道奇隊與巨人隊教頭魯洛夏（Leo Durocher）曾說：「上帝總會照顧醉漢與三壘手。」這是因為三壘手要接的球最驚險。打者與三壘手距離最短，飛過來的球也就最強猛，三壘就被稱為「熱角落（hot corner）」。

一位作家就這樣報導一位三壘手接到球的情況：「他的下顎被狄馬喬打出的球打破了，他撿起球後爬到三壘，使對方跑者出局後，他才昏倒！」

可是在一場比賽中，平均球打到三壘只有三次，但三壘手在整場比賽都要專心，不能鬆懈，每次球打到那裡時常會決定比賽勝敗。因為三壘手只能看到右打的背部，要預測球會打到何處最難，他們的守備率才會是最低。

要能當三壘手也要與當右外野手一樣，必需要能打擊，他們是攻擊主將，所以要找到一位優越的三壘手也就很難，這也就是洋基隊今年還會要用尤克里斯的原因。

游擊手守備

有一年記錄說平均打到中外野的球有最多18%，打到游擊手管區有第二多的15%，二壘手處是13%，所以游擊手是內野手中最忙。

因為游擊手傳到一壘常是一百一十呎距離，二壘手投到一壘最多是九十呎，所以游擊手比二壘手更難當，必需要有更強的臂力，

出球快或是腳快，這是要有天賦能力的人才能擔當這重任。

人們說游擊手有兩類，一類是靠頭腦守備，代表人物是前金鶯隊游擊手瑞普肯（Cal Ripkin），他們會依照好壞球數與打者的類型去守備。例如：在兩好球時，知道打者是會打長打的左打，在這情況不會大揮棒，球也就會常打到左外野，這時游擊手就要靠近三壘守備。另一類是靠腳快的游擊手，他們不相信預測球會打到何處的守備方法，守備全靠直覺反應。

最有名的是紅雀隊的史密斯（Ozzie Smith），他練習守備時是跪在地上（像受處罰的人），然後請教練從五十到七十呎地方對他打出滾地球！

游擊手的英文原名是「short fielder」，有「短距外野手」意思，那時是站在外野與內野中間，後來開始更接近內野，才改名為現在的「shortstop」，「stop」有轉運站的意思。有人說要當游擊手必需要有在比賽第九局兩隊打平時，他要球打到他那裡的膽量。

捕手守備

著名棒球作家包士維（Thomas boswell）說：「比賽棒球是遊戲與娛樂，但當捕手是勞力與苦痛。」

這句話是非常真確。著名捕手費斯克（Carlton Fisk）就說他每一次受傷後，會使他更能承受下一次的受傷，他的意思好像是說這使他的神經反應更麻木了！

要找到一位攻守俱佳的捕手很難，所以美國關於捕手最有趣的

一句話，是著名的前洋基隊教頭史丹格（Casey Stengel）說的，他說：「我有三個捕手，一個能接但不會傳，一個能傳但不會接，另一個能打擊但不會接也不會傳。」

捕手不但要用頭腦指導投手怎麼投，而且也要有體力與勇氣制止投手暴投與對方跑者的衝擊，所以有人就說捕手救下的分數，總是比他攻出的多。

大聯盟史上最有名捕手是洋基隊的貝拉（Yogi Berra），有人就說他守備本壘是像守衛他的房間，不容別人侵犯。這位貝拉也知道怎麼樣擾亂打者，他說：「我有時會對打者說我的投手要投快速球，但我要他投曲球，可是我也會對打者說他要注意滑球投來」。

一位有名球賽評論員與前捕手麥卡佛（Tim McCarver）說如果打者是平常打者，捕手要叫投手投他最好的球，但如果是好的打者就要用心計，投手不要濫用他最好的球。例如：投手最好的球是快速球的話，就先要投曲球，然後到緊要關頭時才投快速球。

捕手一個重要任務是制止對方從一壘盜壘到二壘。一位作家說：「好的捕手接到投手投來的球後，他投出球到二壘只要用兩秒時間，好的跑者從一壘跑到二壘要用三點三秒，捕手投球不能太過急躁，否則容易傳偏。這就像拳擊，如果用力過大，就不能擊中目標。」

捕手也要能記住對方打者的打擊習性，一句關於捕手有名的話語便是在這情況說出來的。洋基隊另一位名捕迪奇（Bill Dickey）在退休後多年遇到一位別隊球員，那球員對他說你可能不記得我了

吧?迪奇馬上回答說:「我怎麼會不記得你?雖然我不記得你名字,但每次你打擊時,我們總是投給你偏高的內角球,知道你不會打這種球。」

中外野手守備

棒球守備最重要的是捕手、投手、游擊手與中外野手連成的「中線」。因為中外野是範圍最廣大,中外野手守備時也就總是大場面的表現,如果他不能接到球,打出的球就會形成二壘或三壘安打。中外野手守備最重要的決定是要站在前頭或後頭?有人說十支打到中外野的球有八支打在前頭,或者說六支打去的球只有一支打到後頭,所以中外野手應站在前面一點。

洋基隊一位中外野手莫瑟(Bobby Murcer)也說站在前頭,如果球打到後頭的話,那時才向後跑去接也比向前跑容易。

可是主張站在後頭的人有不同看法,雙城隊有名中外野手帕基特(Kirby Puckett)說站在後頭守備可以接到原本可能飛過牆外的全壘打,這是能救下一場比賽的重要守備,比站在前頭常常只能防止對方打出一壘安打更重要。

前金鶯隊名教頭威佛(Earl Weaver)也主張站在後頭,因為如果打者打出一支平飛球,中外野手常常來不及擋住,球會滾到全壘打牆前,如果站在前頭的中外野手不能接到打到後頭的球,這時對在一壘的跑者也能跑回本壘得分。

所以看到打者打出球時,要判斷該向前或向後也就是中外野手

最重要的決定。

有人說如果聽到球打出時的聲響是「crack」時要向後跑，如果是「thunk」時要向前進，可是前洋基隊著名中外野手狄馬喬的看法是這都太晚了，他說外野手在聽到打擊聲響前，他早就應該已經跑了。

以前的舊金山巨人隊球場常常風勢很強，所以巨人隊中外野手梅斯說：「每次球打到空中時，我就開始數一到五，數到五時我才開始跑，這五秒會使我知道風是否會吹那球與會吹往那一方向。」

右外野手守備

美國棒球名人堂中，被選入的球星以投手與右外野手最多。例如：貝比・魯斯與漢克・阿倫等就都是右外野手，但他們可說大多是靠優異的打擊被選入的，右外野守備不是他們的專長，但要能當右外野手也需要能長距離傳球，防止對方跑者跑到三壘。

右外野手要能傳得又快又準，傳球時必需手指橫過球的縫線投出（所謂四縫線握法，也就是快速球握法），可是接球後要立刻投出，怎能那麼容易有這樣握法？這就要勤加練習，有的外野手從小就練習每次拿球時就是這樣握球。

除傳球外，在美國的右外野手也要能面對陽光守備，因為在美國比賽時右外野多是陽光直照，這就是所謂的「sun field」（在台灣與日本的球場陽光好像多是在左外野），所以如果面對陽光，看不到球時要怎麼樣去接球？

海盜隊著名右外野手克里門提（Roberto Clemente）有一次面對陽光，看不到球飛來時，他就身體滑到地上，從另一角度看到球而演出接殺，因此救下兩分。

左外野手守備

因為左外野手常常是要在全壘打牆下追球，他必需手快腳快。左外野手接到球後常常要馬上傳到一、二壘，所以與三壘手一樣，最好是用右手投。左外野手也要知道上前或退後守備的時機，這要看打者與那時情況決定。例如：有人在二壘，他應該上前守備，防止對方得分，如果對方打者會打出深遠的球，可能退後守備是更重要，這可防止對方多人上壘，不會導致更壞情況。

左外野手也要知道球打到他前面時，應該俯衝地面去接球或讓球落地後再去接？這要看那時局勢與球賽輸贏情況去決定是否要冒險去接。左外野手接到球也要即刻知道要傳到何處，動作要快，所以有人說左外野手接到球，後要像接到一個即將爆炸的手榴彈那樣馬上丟出。

數字篇

MLB

5 「數字球賽」的先驅開發者

二〇〇七／一／十六

　　棒球是數據的球賽，沒有其他球賽比棒球有更多的數字紀錄。現在棒球統計研究也可說是達到頂尖程度。例如：有人研究投手三振紀錄，不但計算到每九局三振數（K/9）與每局三振數（K/IP），而且也算到三振數與打者數的比率（K/BF），三振數與投球數的比率（K/P），三振數與投出一百球的比率（K/100）。

　　其他新的紀錄像與守備無關的投手防禦率（DIPS），上壘加長打率（OPS）與正確品評球員貢獻的新紀錄像Win Average、Win Share與WAR（wins above replacement）等，更是日新月異。因為電腦與網路的發展，現在球隊與球迷要得到各種紀錄數據也可說是易如反掌。

　　棒球紀錄統計公司像Elias Baseball Bureau與STATS可隨時供給球隊各種紀錄資料。Retrosheet網站使人能查到從一九五九年後比賽的每局詳細情況，Baseball-Reference網站使人能查到球員，教練與球隊的各種紀錄，這是美國棒球紀錄統計研究一百多年的成果。

從作家休瓦茲（Alan Schwarz）寫的一本《數字球賽》（The Numbers Game）棒球書，人們能看出這數字球賽有如下幾位功臣。

亨利・賈維克（Henry Chadwick）

賈維克是一八五〇年代紐約的球賽記者。他在五十年中致力於正確統一的棒球記錄方法，變成國聯第一個比賽紀錄委員會的一員，發明了記分表（score card）。是他開始用「自責分」（earned run）字語，但這字語那時的意義與現在不同，現在是記錄投手應負責的失分，那時是要記錄打者沒靠對方守備失誤而攻下的分數！所以才稱為earned run（賺到的打點）。

賈維克也是第一位記錄下各種安打的壘數，以前沒有一、二、三壘安打的分別。第一位記錄防守刺殺與助殺次數，以前只記錄失誤次數。他在那時就已說打者的主要目的是不要出局，這是大家現在注重的上壘率想法。打擊率也是在他每年出版的刊物中第一次使用，這是一位名叫洛伯遜（H. A. Dobson）的人創造的，以前只記下打者每場打出幾支安打。

艾倫・洛斯（Alan Roth）

洛斯是第一位大聯盟球隊的統計師，他是一九四〇與一九五〇年代紐約布魯克林道奇隊著名經理雷基（Branch Rickey）的助手，他記錄以前沒有的紀錄。例如：打者在好壞球的打擊率，打者

對左投與右投的打擊表現，打者在主場與客場的打擊率，投手對左打與右打的投球表現。

他也創造了打擊圖（spray chart），記錄打者常打球打到何處。他也是第一位記錄打者在有攻分機會時的打擊率，他幫助道奇隊經理雷基變成了那時最精明的棒球人物，而且也使道奇隊比賽廣播人士有話題可談。

喬治・林賽（George Lindsey）

林賽是第一位用統計學分析棒球的人，他是加拿大人，一九五〇年代在加拿大國防部工作，有十五年在業餘時間研究棒球，用統計方法去查出棒球計策的效果，發表學術論文。例如：研究盜壘與犧牲觸擊是不是好的攻分計策？以左右去打擊右左投能夠增加多少打擊率？攻站滿壘，無人出局情況下，內野手是否應上前守備？於攻站滿壘，各種出局情況下各能攻出幾分？從主客隊於各局領先分數能夠預測出勝利的百分率，棒球的各種計策可說第一次有數字能夠表達出效果。

恩蕭・柯古（Earnshaw Cook）

柯古是金屬專家，退休後在一九六〇年代於雜誌發表他的棒球研究文章，出版了一本《百分率棒球》（Percentage Baseball）的書。

這本書有一般人看不懂的複雜公式，第一次在棒球研究使用應用或然率。他證明柯布（Ty Cobb）是比貝比・魯斯更好的打擊

手；在無出局或一出局時要盜二壘不是好計策，但在兩出局時是值得，可是這也要看打者與在一壘的跑者是什麼樣的球員。

他認為犧牲觸擊不是好計策，除非打者不會打或球隊在尾局只需一分時才用。他也認為球隊最好的第一，二打者應打第一、二棒，因為這兩人在22%的比賽會是比賽最後的兩位打者。

他認為每場比賽要用最好的八名打者，不要調下左右打去對付右左投，這樣會使球隊在一季少攻一百二十五分。

著名教頭強森（Davey Johnson）崇拜柯古，說他從柯古學到用上壘率高的打者去打第一棒。

比爾‧詹姆斯（Bill James）

詹姆斯是近代影響棒球最大的統計師，棒球研究統計學的名稱（sabermetrics）就是他取名的，這名稱的「saber」是美國棒球研究學會（Society of American Baseball Research）的縮寫與讀法。

他是在一九七七年決定不再攻讀英文博士學位後，暫時在一家烤豆罐頭工廠當夜警時，才有時間寫出了《棒球摘要》（Baseball Abstract），自己打字，印出了一本六十八頁的小書出售，廣告說這書中有十八項不能在別處看到的統計事項，但只賣出七十冊；一九七八年的另一本賣出三百冊；一九八一年的賣了兩千六百冊，著名雜誌《運勤畫刊》報導他後，他也就成名了。

詹姆斯創造了「防區表現」（range factor）紀錄，記錄防守者平均九局中的所有守備次數，這能顯示出守者防區的大小。他創

造了球隊的防守效率（defensive efficiency rating），記錄球被打出後，變成出局的百分率。

他也創造了造分（runs created），算法是以打者上壘率乘以打者上壘的全部壘數。例如：打出十支一壘安打，十支全壘打與被保送十次，全部壘數就是六十，這使人能看出打者對攻分可能性貢獻的大小。

他也使人瞭解盜壘的實際貢獻，他證明那時的「神偷」韓德遜有一年盜壘成功一百三十次，但失敗四十二次的結果是他只得了四點五分！

他也探討出球場構造大小對打擊明顯的影響。他認為打者的黃金時代是在二十五到二十九歲間，能三振的強投是最有價值的投手，認為聰明的球員要有四種能力：高的盜壘成功率、守備佳、少被三振、常被保送。

6 統計數字與球探

二〇〇五年

二、三十年前，球隊選拔聘用球員大半是靠球探（scouts）的品評，不像現在也靠更深入的球員表現紀錄數字（stats）。

現在每隊都有專職的球員紀錄部門，有不少球隊經理就是能品評球員紀錄的專家。例如：從耶魯大學出身的現任小熊隊經理艾比斯坦（Theo Epstein）與哈佛大學出身的前道奇隊經理狄波岱斯達（Paul DePodesta）。

這是現代職棒的新趨勢，品評球員也用高科技的分析，上壘加長打率（OPS）已取代打擊率與打點名詞。現在棒球的聖經就是用新法品評球員的雜誌《棒球規畫》（Baseball Prospectus）。

《棒球規畫》雜誌用以品評投手的紀錄不再只是勝敗場數或防禦率，而是所謂中性支持勝敗場數（SNWL，support neutral win loss），不但計算球隊為投手攻下分數與球場因素，而且也品評投手被打出的安打與全壘打數，用所謂「與守備無關的投手紀錄」（DIPS，defense independent pitching stats）方法公平地算出投手正確的勝敗場數與防禦率。這雜誌也不再用打點紀錄，認為這會

受球隊打擊陣容好壞與打第幾棒影響。

　　這新趨勢的形成不但是要有更正確的品評球員方法，而且現在現在球員薪水高，不能聘錯，球隊自己培養球員的成功率也低，只有4%到6%小聯盟球員會變成大聯盟球員，正確的品評球員方法也就變成更重要。二〇〇五年小熊隊要聘用一位中外野手伯尼堤茲（Jeromy Burnitz）時，隊經理就用一些紀錄數字去辯護這位被三振多的球員，他說在所有至少被三振一百二十次的打擊手中，這伯尼提茲的長打率是第六，有人已上壘時，他打出0.307打擊率，有攻分機會時打出0.287，這證明在緊要開頭時，這球員是很好的打擊手。

　　在品評投手時，小熊隊為著要考慮小熊隊球場風大的因素，現在也要計算投手投出的球被打到外野高飛球與滾地球次數與比例，被打出高飛球太多的投手，小熊隊會敬而遠之。投手三振與保送打者的次數與比例也是球隊現在比較注重的。投手能夠三振打者外，如果也能不常保送打者與少被打出全壘打，投手表現也就不大會受球隊守備好壞影響。

　　現在最著名棒球紀錄統計大師詹姆斯（Bill James）在研究棒球二十多年後才看到他的研究成果，他也才被紅襪隊聘為顧問，紅襪隊贏了三次世界大賽冠軍，他是有貢獻。運動家隊是第一支接受詹姆斯棒球理論的球隊，運動家隊開始不大靠星探，只看球員表現紀錄，特別是上壘率，紅襪隊在二〇〇三與二〇〇四年的上壘率就是最高，就是因為紅襪隊與運動家隊的成功，球隊對球員表現紀錄

的注重也就是與球探相同重要了。

可是這種新的紀錄數字分析能否完全取代球探？這是不大可能。球員是否能認真比賽，能否與隊友相處，是否會聽教練的話或者要在什麼時候才能脫穎而出，這都是不能從數字看出。

在最重要的新秀球員選拔時，球員的高中、大學或小聯盟紀錄也是不完整或可靠，這時唯有球探的眼才能看出球員跑、投、守備、打擊與打長球的這五種基本技能。

連強調紀錄分析的《棒球規畫》雜誌編輯也認為球探是不能被取代，他認為球探是像啤酒，紀錄數字是像現在大家愛吃的墨西哥捲餅（tacos），所以這兩者一起食用，不是很美妙？

7 一九九九年大聯盟 稀奇紀錄數字

一九九九年

　　美國職棒的一個美妙處是稀奇，從未發生過的事常會在球場發生，所以有人就說沒有一場棒球比賽是完全相同。從一八七六年國聯組成到現在，至少已有二十多萬場比賽，人們一定會想現在比賽不會再有以前沒有發生過的事吧！可是新奇的事竟然還是會發生。例如：一九九二年球季開始，洋基隊與藍鳥隊第一次比賽時，兩隊都是六勝零敗，那時就發現這是從未發生過的事。兩支開季時都是六勝零敗的球隊比賽真的在以前二十多萬場比賽中從未有過？這真是令人難以相信，但這是事實。

　　一九九九年也不例外，這年在大聯盟史上從未發生過的事竟然有十六件。這十六件中有十件人們可能會覺得不怎麼樣稀奇。例如：

　　有一球員變成了為最多球隊效勞的球員，那是遊騎兵隊一位名叫摩根（Mike Morgan）的投手，他創造了加入最多十一隊的紀錄。

　　釀酒人隊在比賽了一百一十三場後沒有一位投手完投一場也說是前所未有。

光芒隊的打者麥克葛瑞夫在一共三十六個球場都打出全壘打也說是新紀錄。

　　大都會隊的打者溫杜拉（Robin Ventura，現任白襪隊教頭）創造了棒球史上第一次在一天的兩場比賽都打出滿貫全壘打紀錄，說是棒球史上從未發生過。

　　紅人隊創造了在一場比賽中打出最多九支全壘打紀錄，紅襪隊在一場封殺比賽中一共用了八位投手也說是棒球史上最多。

　　一九九九年真正稀奇事是在四月二十三日發生，紅雀隊三壘手泰提斯（Fernado Tatis）在這天一場與道奇隊的比賽中，於同一局對同一位投手（朴贊浩）打出兩支滿貫全壘打！這打者在那局中攻下的八分打點也是大聯盟紀錄。

　　在七月十日時，響尾蛇「巨怪」投手藍迪・強森（Randy Johnson）吃下連續第四敗，因為響尾蛇在連續四場中都不能攻下一分！這樣的奇事以前只發生過一次。

　　同樣奇怪的，強森在這年還能得了投手塞楊獎，他有十七勝九敗與2.48防禦率戰績。

　　在九月三十日，大聯盟卓越游擊手奧多尼茲（Rey Ordonez）創造連續九十六場守備無失誤紀錄，當游擊手有這紀錄是不容易。

　　在五月二十二日發生的一件事看起來是不稀奇，所以才變成奇事！因為在這天洋基隊與白襪隊比賽的二連戰中，洋基隊派出的兩位先發投手克雷門斯與派提持都有六成五以上勝率，人們說這是棒球史上從未有的事！所以這真的是奇事。

在那同一天也發生了又一件怪事，那天有三支球隊在第九局成第九局後都逆轉勝，人們說這也是從未發生過的事，這真是不可思議。

在五月五日那天，洛磯隊在一場比賽中每局都能攻分，紀錄上說這是已有三十多年未發生過的事，每局要攻分是不易，但真的已有三十多年未發生過？

最後，在一九九九年也還有兩件稀奇事，在一場大都會隊與洛磯隊的比賽中，兩隊先發投手都是同姓同名，都是鮑比·瓊斯（Bobby Jones），這是一百多年未發生過的事。

在五月二十六日那天，兩位同姓的打者都打出了滿貫全壘打，一位是洋基隊的提諾·馬汀尼茲（Tino Martinez），另一位是水手的艾德格·馬丁尼茲（Edgar Martinez），據說這也是以前沒有發生過的事！

二〇〇〇年全壘打數
突增的原因

二〇〇〇年

大聯盟人士在二〇〇〇年五月二十二日到製造棒球的Rawlins公司於哥斯大黎加的工廠參觀，要想知道在這年全壘打又滿天飛的原因是不是這工廠製造棒球的方法與前不同？參觀後的結果是未能下定論，沒有發現不正常的製造情況，所以全壘打數在這年突增的原因還是一個謎。

大聯盟比賽在這年四月打出的九三一支全壘打，四月七日一天打出的五十七支全壘打與五月二十一日打出的六支滿貫全壘打都是棒球史新紀錄，原因到底是什麼？

大聯盟人士會去參觀棒球工廠是因為大家都說那時的棒球與前不同，棒球比較「靈活」（所謂juiced），打出後也就飛得更遠。投手都說握球也會感到「光滑」（所謂sleek），洋基隊王牌救援李維拉就說球上縫線沒有突起，球也就不好投出。藍鳥隊投手柯屈與遊騎兵隊投手羅傑斯就將球切開查看，前者說球內以兩層橡皮包起來的球心比去年跳得更高，後者說球心內的軟木沒被橡皮包緊，所以來橡皮的跳躍作用比過去大。這兩位「科學家」的發現未獲得

一位真正棒球科學家認同。耶魯大學教授亞德爾（Robert Adair）曾寫了一本《棒球物理學》，他說棒球球心的構造是無關緊要，除非是球心的大小改變了，他也說將任何構造不同的球心壓擠，各球心產生的能量非常小，不足影響棒球的飛行，他說如何將整個球用線縫起而造成的差別才大。

哥斯多黎加棒球工廠從一九九四年開始就將工人集中在這工廠完成縫球這一步驟，以前是工人各自在家製球，所以如果製球不同是全壘打滿天飛的原因，應該是從一九九四年全壘打數就增加，為什麼等到二〇〇〇年？

大聯盟當時的副主席亞德遜（Sandy Alderson，現任大都會隊經理）說全壘打增多是因為打者體力增強（他不敢說球員用非法禁藥）、新球場較小、投手較差，他居然敢說那年球場觀眾增加百分之六，大家喜歡看全壘打滿天飛，這有什麼不好？如果情況真正嚴重，可以提高投手沙丘高度從十吋再增到十六吋，大聯盟在那年當然一事不做，全壘打也就還是繼續滿天飛。

現在回顧分析這件事，在那年打出最多全壘打的九個球場是洛磯隊、藍鳥隊、太空人隊、白襪隊、紅雀隊、皇家隊、小熊隊、光芒隊與遊騎兵隊九個球場。

在高山，空氣稀薄的洛磯隊、外野短的太空人隊與小的小熊隊球場是容易擊出全壘打；有麥奎爾的紅雀隊與索沙的小熊隊球場是因為有這兩名強打者，所以也才會全壘打滿飛。

大家要知道麥奎爾與索沙以及坎塞柯等的用非法禁藥那時還沒

有被暴露，他們還是英雄，不但如此，那時用禁藥的豈止這三人？所以如果大聯盟理事長那時敢用這觀點去調查全壘打滿天飛的原因，應該是會很容易就查出的。這不是球的因秦，是禁藥的因素！

九十哩球敵不過六十哩球

二〇〇三年

　　二〇〇三年時洋基隊大投手克雷門斯（Roger Clemens）在一場比賽面對那時紅襪隊的蝴蝶球投手韋克菲爾德（Tim Wakefield），所以這是能投九十多哩快速球的強投與投六十多哩蝴蝶球投手有趣的對決，結果竟然是韋克菲爾德以八比四打敗克雷門斯，所以這是棒球奇妙的一個現象。

　　克雷門斯在這場比賽六局中被打出十支安打，失八分，韋克菲爾德在五局中只被打出四支安打與失四分。克雷門斯輸了這場，要贏到他生涯的第三百勝也就要再等待下一場，韋克菲爾德贏了這場，就使他在紅襪隊九年中一共贏得九十六場，排名隊史上第九，蝴蝶球使他那時已能存在於大聯盟十一年，這可能是連他自己也意想不到的。

　　蝴蝶球也稱彈指球，在美國通稱Knuckle Ball（指節球），這是用指尖與指甲彈出的球，手指最好沒觸到球的縫線，這樣彈出的球不大會旋轉，也就會隨空氣與風左右上下飄動，所以有人就說：「蝴蝶球是像醉漢走路，左右搖擺。」這樣的球也就不好打擊，捕

手也不好接，會使打者無能為力與氣餒，眼看只有六十多哩球速，慢吞吞的球，但就是打不到，尤其是洋基隊打者大多是全壘打者，常會大揮棒，更是打不到，所以蝴蝶球就是棒球以柔克剛現象最好的一個例子。

要想打到蝴蝶球，打者要有耐心，不要太急，有人就說：「蝴蝶球是像女人，如果窮追她，你追不到，可是如果有耐心等，她就會來找你。」有人也說打擊蝴蝶球時，身體要趨前打，有的說要退後，但這都沒有效果。投蝴蝶球唯一的缺點是控球不易，像韋克菲爾德在那場比賽就投了不少壞球，保送洋基隊打者六次，這種隨風飄動的球很難控制，所以有人就說：「要當蝴蝶球投手必需要有盜賊的神經與神道佛教徒的鎮靜心靈。」

因為投手投蝴蝶球，手臂不大會受傷，投手也就有很長的棒球生命，以前那位曾贏了三百場勝投的投手尼古勒斯（Phil Niekros）就能投到四十八歲。蝴蝶球投手被選入棒球名人堂的比率也很高，大聯盟史上以前一共約有二十多名蝴蝶球投手，其中就有四名被選入（尼古勤斯就是其中一位），這比一般投手被選入的比率是十倍高。蝴蝶球投手有這麼好的前途，難怪投手都想試投這種球，就是不是投手的球員也想試試看，前老虎隊與海盜隊教頭李蘭（Jim Leyland）就曾說：「球員將被炒魷魚時，他們常會說能投蝴蝶，要求當這種投手。」這名教頭在海盜隊時就有一位內野手將被炒魷魚時要求當這種投手，這位內野手就是韋克菲爾德，他在一九九二年時第一次變成了海盜隊投手，而且是投蝴蝶球。

10 贏也滑球，輸也滑球

二〇〇六／四／二十七

　　在二〇〇六年時洋基隊與金鶯隊，太空人隊與道奇隊各有一場比賽都是在第九局因為投手投出的滑球（slider）而決定勝敗，這是相同處，可是洋基隊因為金鶯隊投手投出滑球，洋基隊才輸了，但太空人隊因為投手投出滑球，太空人隊才被道奇隊打敗，這是不同後果，充分地顯示出滑球的特殊處，所以值得一談。

　　洋基隊與金鶯隊那場比賽第九局時，金鶯隊以六：五領先，但洋基隊攻佔滿壘，在二出局時洋基隊強打松井秀喜上場打擊，在三壞兩好球情況下，金鶯隊救援投手竟然敢投出一滑球，不怕會投出壞球，而裁判也判為好球，因為松井不打，他也就被三振，而洋基隊也就輸了。

　　金鶯隊救援投手敢投滑球是冒險，滑球比快速球更難投出好球，他投出的那球可能也是壞球，松井才不打。滑球的飛行是像快速球，只是速度較慢，球飛到本壘時會突然曲轉（不是向下，是與地面有點平行），打者也就常不能打到。金鶯隊投手那時投的滑球又是所謂「後門滑球」（backdoor Slider），投出後在外邊飛行，

到本壘時才曲轉溜進，而變成好球，很可能那時球還沒有溜進，松井不認為是好球，他才不打，但裁判判為好球，松井也就被三振了。

太空人隊與道奇隊那場比賽第九局時，太空人隊也是以六：五領先，在一出局後，道奇隊打者打出一支三壘安打，太空人隊救援投手就不敢再投出快速球，怕被打出安打或高飛球後，比賽就打平，他就只投滑球，但滑球難投出好球，他投出的都是壞球，打者不打而被保送，道奇隊就攻佔滿壘。在這狀況下，太空人隊救援投手不敢再投滑球，怕再投出壞球，他不得不投出快速球，結果是被打出一支滿貫全壘打，太空人隊也就輸了。

滑球的旋轉與快速球，曲球不同，快速球向後旋轉，曲球向前，滑球是側面飛行（side spin），像子彈與美式足球的飛行。要投這種球，食指與中指握著棒球的側邊，要用前臂與肘部做急促向下動作（snap），使球從手「溜出」（slip out），所以才稱為滑球（slider）。因為這種球到本壘後會曲轉到何處難以預測，要投好球也就不易。

所以滑球是比快速球難以控制投球位置，但比曲球容易。所以在必需投好球時，如果不敢投快速球，就要投滑球，這比投曲球較少風險。明瞭滑球的這種特性，也就能瞭解在那兩場比賽第九局緊要關頭時，金鶯隊救援投手敢冒險投滑球，太空人隊救援投手不敢，因此也就有不同後果了。

二〇〇三年稀奇比賽數字

二〇〇三年

　　大聯盟三十隊在二〇〇三年的球場觀眾一共是六千七百多萬人，其中有五隊的觀眾超過三百萬人，有十二隊超過兩百萬，所以大家都認為這是美國職棒的復興。很可能因為棒球是勝敗最難以預測的球賽，棒球才會吸引那麼多人觀看。

　　例如：二〇〇三年有多少人會想到一支只是五千多萬元球員總薪的馬林魚竟然會在世界大賽打敗總薪是一億八千多萬的洋基隊？就連二〇〇三年國聯與美聯冠軍賽的結果也是令人意想不到，小熊隊在第六場的第八局，紅襪隊在第七場的第八局時都以三分領先，只要再五出局就都能得了冠軍而進入世界大賽，不但如此，這時兩隊都還有王牌先發伍德與馬丁尼茲主投，可是在這樣優勢下，這兩支那時是有名的悲情球隊還是各被馬林魚與洋基隊打敗了，這就是棒球的不可思議。如下就是二〇〇三年其他令人難以相信的比賽數字。

攻擊數字

　　一、在五月二十八日勇士隊與紅人的一場比賽中，勇士隊有三

位打者在比賽一開始就連續各打出全壘打，在棒球史上以前只發生過一次。

二、藍鳥隊強打岱爾嘉多（Carlos Delgado）在九月二十五日的一場比賽中連續四次打擊時都打出全壘打，他是棒球史上第六人有此表現。

三、紅襪隊的九位先發球員都至少打出十支以上全壘打，紅襪隊也一共打出那時棒球史上最多二三八支全壘打，在與馬林魚的一場比賽於第一局就攻下十四分。

四、明星賽的MVP布壘拉克（Hank Blalock，遊騎兵隊）不但在明星賽打出一支全壘打而使美聯隊贏了，他在五月十六日的一場比賽也有驚人表現，他被三振四次，但還能攻下六分！

五、二〇〇三年攻擊最差的道奇隊有六十一場比賽頂多只攻下兩分，反觀攻擊也是平平的馬林魚只要能攻下三分，就贏了五十七場，只輸十六場。兩隊投手表現是同樣優越，馬林魚就贏了世界大賽冠軍，道奇隊連季後賽也不能進入。

六、費城人在八日二十一日的一場比賽於一局中連續打出五支安打，但仍然未能攻下一分！

七、二〇〇三年國聯打擊王是紅雀隊的普荷斯（Albert Pujols），他打出0.35871打擊率，第二是洛磯隊的希爾頓（Todd Helton），他打出0.35849！洛磯隊是打擊容易的打擊天堂，所以普荷斯得了打擊王是有公道。

投手數字

一、從四月九日到十五日，三位曾得多次塞揚獎的大投手梅道克斯（勇士隊）、馬丁尼茲（紅襪隊）與藍迪‧強森（響尾蛇）在這期間竟然各在一場比賽中至少被攻下十分！

二、響尾蛇在六月與七月曾連贏二十六場，但這隊的兩大投手藍迪‧強森與席林在這期間竟然一場也未贏！

三、運動家隊投手李利（Ted Lilly）在六月十一日與勇士隊的一場比賽中被打出五支全壘打，可是除了這五支全壘打外，他沒被打出另一支安打！

四、道奇隊王牌救援蓋尼亞（Eric Gagne）在五十五次救援機會下，五十五次都成功。

五、洋基隊史上在二〇〇三年時已有6,980場未被無安打（no hitter），在六月十一日時太空人隊終於無安打洋基隊，但一共用了六位投手。

六、洋基隊大投手克雷門斯在贏了第兩百九十九場後，要等了三星期半（主投三場）才終於贏了第三百場，但這等待是值得，因為當他贏了後，他也三振第四千人。

七、紅襪隊的韓國救援投手金炳賢在與洋基隊的四場比賽有一個「完全」紀錄：他贏了一場，輸了一場，救援成功一場，救援失敗一場。

12 奇事連連的二〇〇四年

二〇〇四年

大家知道二〇〇四年最大的稀奇事是紅襪隊贏了八十六年來未贏的世界大賽冠軍，而且在大聯盟史上第一次從輸了頭三場後，連勝以後四場而贏了美聯冠軍，才能進入世界大賽，不但如此，紅襪隊在世界大賽也是連勝四場贏到冠軍的，這是大奇事！

紅襪隊得了冠軍後，傳出一個秘聞說紅襪隊球員從美聯冠軍賽第六場開始，在每場比賽前都喝了一杯烈酒後才上場比賽！如果這是真的話，這可能是紅襪隊能創造奇蹟的一個妙方，那時已是九十六年未贏得世界大賽冠軍的小熊隊也應當效法。

除了紅襪隊奇事外，二〇〇四年也有不少小的稀奇事。例如：洋基隊不但在美聯冠軍賽連續被紅襪隊打敗四場，洋基隊在季中也被印地安人以二十二比零打敗，創造洋基隊史上新紀錄！所以二〇〇四年應該是洋基隊史上最丟臉的一年，這與A-Rod在這年加入有關？除了紅襪隊與洋基隊外，大聯盟在二〇〇四年還有不少千奇百怪的趣事，如下是幾個例子。

最差投手表現

響尾蛇投手岡塞雷茲（Edgar Gonzalez）在九月三日與巨人隊比賽時，在只投一局中就被攻下十分，這是六十六年來最差的投手表現，他在這局中被打出八支安打（兩支是全壘打），保送兩次，投出觸身球一次，暴投一次。

最佳救援表現

印地安人救援投手維斯布魯克（Jake Westbrook）在四月十九日與老虎隊比賽上場救援時，投出的七局中沒失分，也沒被打出安打或保送，這也就是說他投出七局的完全比賽（perfect game），這是那時已有三十六年未有的最佳救援表現。

連續兩場重複表現

馬林魚投手斐尼（Brad Penny）在五月十六與二十二日兩場比賽有完全相同的比賽紀錄，每場都投出六局，各被攻下一分與各被打出五支安打，並且安打中也各有一支全壘打，不但如此，他在每場也各保送兩人與各三振三人！

最可笑與最「嚴重」的受傷

小熊隊強打索沙（Sammy Sosa）在五月時因為打噴嚏兩次，身體猛衝向前，背部抽搐，也就受傷了，這使他不能比賽很多場，

也影響他在二〇〇四年的表現不如以往，雖然還能打出三十五支全壘打，但打擊率是0.253，打點是八十分，他在小熊隊的前途也變成疑問。所以因為這很可笑的「嚴重」受傷，人們後來發覺索沙用禁藥，難怪他的身體是那麼碎弱。

「成功」的代打

在一場有兩個教士打者已上壘的比賽時，教士教頭波奇（Bruce Bochy，現為巨人隊教頭）派了一位代打上場打擊，這代打打出了稀有的「三殺」（triple play），這一局即刻結束。波奇教頭在比賽後幽默地對媒體人士說那代打是「成功」，完成任務，因為他派這代打打擊的主要目的是要避免「雙殺」。

最有可能性的「災禍」

紅襪隊在二〇〇四年季後賽的英雄戴蒙（Johnny Damon）於世界大賽第四場前，紅襪隊將終於贏了世界大賽冠軍前夕有如下他想像將會有的災禍，他那時說：「大家知道很多紅襪隊老球迷總說他（她）們如果不能在死前看到紅襪隊贏了冠軍，他（她）們會死不甘願，一定要看到紅襪隊贏了才願死，明天紅襪隊可能終於會贏了，所以我想明天街上將有不少緊急救護車。」

大逆轉的一年

不僅是紅襪隊能夠逆轉勝，太空人隊能得了國聯外卡也是奇事。太空人隊在八月中旬時是國聯所有競爭外卡球隊中排名第六，但從那時後，太空人隊竟然能有三十六勝十敗戰績，超越巨人隊與小熊隊，而得了外卡。太空人隊的兩大功臣是大投手克雷門斯與王牌救援利基（Brad Lidge），克雷門斯贏了十八場，防禦率2.98，得了塞揚獎，利基三振一百五十七次，創造國聯救援投手新紀錄，他在季終最後一場就三振洛磯隊最後三名打者，太空人隊才贏了那場比賽而得外卡。

最多安打紀錄

水手鈴木一朗打破大聯盟八十四年來一季最多安打紀錄，那是一九二〇年時聖路易市布朗隊（Browns，金鶯隊前身）一壘手施塞洛（George Sisler）打出的二百五十七支安打，一朗打出二百六十二支，他是第一位能夠打破美國大聯盟紀錄的東方球員。

最多連續救援成功紀錄

道奇隊王牌救援蓋尼亞（Eric Gagne）從二〇〇三年到二〇〇四年連續救援成功八十四場，這可能是以後不能被打破的紀錄。蓋尼亞在四月十六日救成的那第六十六場是很神奇，因為他那時必需與巨人隊全壘打王邦茲（Barry Bonds）對決，他敢連續對邦茲投

出六個至少是一百哩球速的球，邦茲對最後一球打出一支兩分全壘打，但蓋尼亞還是救援成功，因為道奇隊以三分領先。

最佳老投手的表現

小熊隊的梅道克斯不但贏了三百場，而且連續十七年每季至少贏十五場，創造棒球史新紀錄，響尾蛇的藍迪·強森第一次投出一場完全比賽，變成了大聯盟史上投出完全比賽最老的投手（四十歲又二百五十一天），他在這場比賽一共投出一百一十七球，三振十三人。

最佳季後賽攻擊表現

太空人隊雖然在二○○四年不能進入世界大賽，但這隊強打貝爾川（Carlos Beltran）在頭兩輪季後賽中一共打出八支全壘打，這在季後賽史上只有邦茲與他是同樣多，但邦茲的紀錄包括世界大賽，不但如此，貝爾川的紀錄還包括兩輪季後賽各有0.455與0.417的打擊率，九分與五分的打點，所以這是近代季後賽史上最佳攻擊紀錄。

最勇敢的守備表現

洋基隊與紅襪隊在七月一日於洋基隊球場比賽的一場比賽第十二局，兩隊以三比三打平時，紅襪隊打者打出一支外野高飛球，預將落下到三壘後。如果變成安打，將會使紅襪隊得分而領先，洋

基隊游擊手球星基特那時知道情況危急，所以直奔去接球，他必需奮不顧身，接下球時身體已衝入觀眾座區，撞得血流滿面，站起時全場觀眾都驚嘆不已，他變成了最勇敢的棒球王子，他的表現從電視廣播，使全國球迷都看到，他的聲譽更大，他也就在二〇〇四年第一次得了金手套獎。

13 評價救援投手方法

二〇〇五年

　　二〇〇六年自由球員市場上，救援投手不少，但他們的身價不但不因此而降低，反而增高。例如：萊恩（B. J. Ryan）從藍鳥隊得到的五年四千七百萬元鉅薪是大聯盟史上最肥的救援投手合約。華格納（Bill Wagner）從大都會隊拿到的一年一千零七十五萬元薪水（四年）是最高年薪，超過洋基隊李維拉的一千零五十萬元。

　　萊恩與華格納都是稀有的左投，而且都能投強球，他們能得高薪也就不會令人感到驚奇，可是二〇〇六年將是三十九歲的高登（Tom Gordon）也能從費城人得到三年一千八百萬元合約，並且被任命為王牌救援就會令人感到意外，這都是因為現在有品評救援投手新法，才會使救援投手時來運轉。

　　以前一般品評救援投手是看他們救援成功場數與防禦率，但中繼救援投手能得到救成機會少，用防禦率去品評救援投手也不正確，就是救援成功算法也不公平，有的容易（例如：球隊領先三分），有的難（只領先一分）。例如：紅人曾有一位王牌救援格壘夫斯為紅人救成四十一場，後來轉到別隊就不行了，這主因是紅人

攻分多，他要救成不難。救援投手的防禦率也與代替他的其他救援投手表現好壞有關，所以不正確。

　　比較實際品評中繼救援投手能力的方法有被打出的打擊率，三振與保送比例。例如：那高登去年在洋基隊被打出的0.203打擊率就不錯，他的三振／保送比例是2.4/1，雖然比李維拉的3.5/1低，但也達到要當王牌救援的基本要求。可是這些紀錄不能使人看出中繼救援投手的比賽表現結果，那就是他們使球隊繼續領先或不再領先？

　　「守護」（hold）紀錄就是品評中繼救援投手的一個比較正確方法，這是記錄中繼救援投手在球隊領先，他上場救援時至少完成一出局的次數（並且球隊還繼續領先），在這方面，高登表現卓越，在二〇〇五年有三十六次，二〇〇六年有三十三次。二〇〇六年加入藍鳥隊的萊恩前年在金鶯隊也有二十一次，所以去年才被金鶯隊升為王牌救援，而能救援成功三十六場。

　　「守護」紀錄雖然能夠顯示中繼救援投手的貢獻，但這還不夠正確，因為這與救援成功紀錄一樣，仍然還有領先三分或一分不同的狀況，並且在比賽打平情況時不能算。更正確的一個方法是勝場可能率增加數（WPA，win probability added），每一位救援投手上場或下場時，依照領先分數與第幾局，多少出局與是否有人上壘，都有一個勝場可能率（WP）。例如：在第九局，三分領先的勝場可能率（WP）就是96%，只領先一分時就是81%，一個救援投手上場與下場時，這WP的差別就是WPA（勝場可能率增加數），這是品評救援投手更正確的方法。

要算出救援投手上場後的WP（勝場可能率），本隊的攻分也要算，這樣才能算出兩隊攻分的差別，創造這方法的Studes用每局攻出0.5分來算。二〇〇五年時高登的WPA是5.47，這就表現他下場時他的球隊會贏的百分率增加5.47%，這是那時所有救援投手中的第三位，第一位是太空人隊王牌救援李吉（Brad Lidge），他的WPA是7.29，他不但二〇〇五年表現卓越，二〇〇四年當中繼救援投手時也表現佳，太空人隊那時才敢將王牌救援華格納交易到費城人，而華格納在二〇〇六年又轉入大都會隊。

14 一個簡單品評救援投手方法

二〇〇六年

　　「勝場可能率增加數」（WPA，win probability added）是品評救援投手比較正確的一個方法。例如：一位紅人在二〇〇五年的救援投手格壘夫斯雖然能夠救援成功四十一場，但他的WPA是負數的－0.278，在大聯盟幾乎墊底，這顯示他在那年上場救援時，他雖然能救成，但常要被攻下一兩分，紅人常要至少領先三分，他才能救成，他的這缺點會被WPA方法暴露了，可是WPA的算法複雜，要從過去統計數字查出，這也就使人會再想到一個古老的品評方法，那就是救援投手上場後，他使多少已上壘的對方跑者得分？也就是說他使對方多少跑者殘壘？

　　這方法現被改稱為「承受跑者殘壘百分率」（% of Inherited Runners Stranded），比WPA容易算，也能使人看出他上場救援時對球隊是有貢獻或損傷？美國《運動畫刊》在一九九〇年代時報導這殘壘最高的百分率是96.3%，最低是63.6%，那就是說最好的救援投手在有一百名對方打者已上壘時，能使96.3名打者不能得分，最差的救援投手只能使63.6名不能得分。人們在二〇〇五年查看這

紀錄時，看到最好的是93.3%，最差的只是43.8%，這表現現在攻擊是更強，而且很可能救援投手的能力也不如以往了。

人們再仔細查看這紀錄後也有一個重要的發現，那就是二〇〇五年這紀錄的最佳前十名救援投手都是沒沒無聞，但這紀錄能夠使人看出他們使最多對方跑者不能得分，所以這必然是好的方法。在二〇一四年時再查看這二〇〇五年的前十名投手，第二名的佛雷瑟（Jason Frasor）有91.4%這紀錄數字，他使對方一百名跑者中有91.4名不能得分，難怪他現在還在大聯盟，他是遊騎兵隊的一名救援投手，已是三十五歲，在大聯盟十年，生涯防禦率是好的3.67。其他能查到的前十名投手中的四名雖然都已不在大聯盟，但他們在大聯盟也有八年到十三年，可說都有不壞的大聯盟生涯，這也就證明這「承受跑者殘壘百分率」是好的方法。

用這簡單方法不但能夠使人看出好的救援投手，這也能夠使人看出有名救援投手的缺點。例如：人們在二〇〇五年就查出那年殘壘百分率的倒數第一名與第三名竟然是各為紅襪隊的丁姆林（Mike Timlin）與洋基隊的高登（Tom Gordon），他們這百分率各為43.8% 與46.9%，可說對方跑者中有一半以上都能得分！但他們的防禦率都是各為極佳的2.24與2.57，這顯示出救援投手的防禦率不能使人看出他們在球場上救援表現的好壞。人們說那紅襪隊丁姆林的缺點是他常常不能防止對方已上壘跑者得分，這與他的防禦率無關，但他要在紅襪隊領先多分時，他才能救援成功，高登的問題是他只能在對方無人上壘時，他才能投得好，所以這可能與他的精神

膽量有關。

　　所以像一般重要的發明常常是原理很簡單，品評救援投手最正確的可能也就是這最簡單的計算殘壘百分率的方法。

15 耐人尋味的保送數字

二〇〇六／五／五

有一個棒球統計顯示打者被保送數字與球隊勝場數息息相關。大聯盟從二〇〇〇年到二〇〇五年每季被保送最多的前五隊，平均有九十三勝場，被保送最少的五隊只有七十勝場。二〇〇六年時美聯東區的洋基隊與中區的白襪隊各有最多一百三十次與第二的一百零七次被保送次數時，那時這兩隊就是各區第一。美聯被保送最少五十九次的皇家隊在中區就是墊底。在國聯中區也是一樣，被保送最多一百三十次的紅人在中區是第一，在這區墊底的海盜隊只被保送最少的七十四次。

可是在國聯東區與西區都出現了反常現象，東區第一的大都會隊只被保送八十一次，那是國聯倒數第三，西區第一的洛磯隊也只被保送九十五次。洛磯隊的情況是與該隊球場有關，在那於高地上的洛磯隊球場（Coors Field），要打出長球容易，洛磯隊打者也就常要大揮棒打擊，沒有耐性被保送了。大都會隊的情況是與別隊不同，這要用球員人種觀點去看，這也就產生了對保送的兩面觀，耐人尋味。

二〇〇六年時大都會隊有全大聯盟最多中南美洲球員，大約球

隊一半的球員。例如：大投手馬丁尼茲，兩位強打狄爾嘉多與貝爾川等，這隊經理米納亞就是多明尼加人。中南美洲打者的打擊習性是常會大揮棒，沒有耐心被保送。例如：天使隊強打格壘洛（Vlad Guerrero）就是一個例子，他們是主靠能打出長球才能離開中南美洲來美國，所以有一句名言是這樣說的：「加勒比海島嶼的球員不能用走（保送）的方法離開那些島嶼。」

從一九三〇年到二〇〇五年一共九百九十二名的中南美洲球員中，他們每人平均在七百次打席中只被保送五十一次，其他國家一共7,510球員中，平均七百次打席中被保送六十二次，這是有些差別。可是因為中南美洲球員打擊較強，他們的0.320上壘率也與其他國家球員的0.325相差不多。

中南美洲打者能打長球，大都會隊就是一個例子。這隊在二〇〇六年開始時打擊率0.262與上壘率0.325，各為國聯第七與第八，但打出的三十七支全壘打是第三，靠能攻下一百二十八分，大都會隊那時也就能在國聯東區排名第一。大都會隊中南美洲球員被保送不多，使人領會到打者是否會被保送是不能學到的，這要天生有耐心與判斷好壞球能力，球隊要想有高的保送率不能靠訓練，要能聘到天生有這種技能與打擊習性的球員，如果不能聘到，就只能順其自然，讓打者大揮棒了。例如：二〇〇六年在國民隊（二〇一四年效力於洋基隊）的索里安諾（Alfonso Soriano）就是典型的這種打者，人們就說像索里安諾這樣的打者如果被保送，就像投資，沒有善用基金，會失掉了賺更多錢的機會。

16 不可忽視的保送紀錄

二〇〇五年

保送紀錄能使人看出投手控球與打者上壘能力，這與球隊勝敗息息相關，二〇〇四年大聯盟球隊的勝敗紀錄就是一個明顯的例子。二〇〇四年大聯盟有十一支球隊每隊打者被保送次數比該隊投手保送對方打者的次數多三十次，這十一隊中就有十隊在二〇〇四年的戰績是勝多於敗，其中有六隊就能進入季後賽。

洋基隊與紅襪隊就是二〇〇四年打者被保送次數比投手保送對方打者次數差別最多與第二的球隊，洋基隊是二二五次，紅襪隊是二一二次，所以洋基隊與紅襪隊各贏一百零一場與九十六場，反觀這保送差別次數是倒數第一與第二的響尾蛇與海盜隊（負二二七與負一六一）就各輸一百一十一場與八十九場。

洋基隊與紅襪隊於二〇〇三年也是這保送差別次數最多與第二的球隊，但洋基在那年比紅襪隊多一百七十七次，不像在二〇〇四年只多十三次，所以洋基隊在二〇〇三年美聯冠軍賽就能打敗紅襪隊，但在二〇〇四年就不能了，紅襪隊在二〇〇四年也就能贏了這隊已有八十六年未贏的世界大賽冠軍。紅襪隊在二〇〇四年所有

季後賽中，打者被保送次數就比紅襪隊投手保送對方打者次數多十六次。

洋基隊在二〇〇五年有位叫利伯爾（Jon Lieber）的投手，他在那年保送打者最少，平均面對三十六位打者只保送0.87次（三十六位打者約等於一場比賽），但他只在洋基隊一年，很可能洋基隊認為他沒有三振能力，洋基隊在二〇〇六年就聘了三振強投藍迪・強森。

依照大投手席林（Curt Schilling）的看法，投手能控球（control）是能投好球，但這還不如能控制（command）打者，所以投手不但要投好球，而且也要能卓越的好球（quality strike），使打者打不到，才能控制打者，如果投手除了有好的保送紀錄外，還能三振，投手才能有投球威力。

所以現在才有K/BB紀錄（三振／保送比例），以前美國奧運投手英雄席茲（Ben Sheets）的K/BB就是8.25，藍迪・強森是6.50，席林是5.80。藍迪・強森於二〇〇六年加入洋基隊後，洋基隊也是不能了世界大賽冠軍，強森後來又回去響尾蛇。

所以如果投手不能壓制對方打者，球隊就要靠打者去打敗對方投手。在二〇〇四年時，巨人隊全壘打王邦茲（Barry Bonds）的最大的攻擊方法就是被保送，他在那年被保送的二三二次就是棒球史最多紀錄，巨人隊在那年的保送差別次數一五七次就是僅次於洋基隊與紅襪隊，巨人隊在那年也就能贏了九十一場。

17 上壘率的應用者

二〇〇七年

二〇〇七年時曾有一位棒球作家品評大聯盟三十支球隊的球隊經理，認為那時勇士隊的經理休赫茲（John Schuerholz）是最佳，因為這經理從一九九一年到二〇〇五年總是能夠組成一支好球隊，連贏十四屆國聯東區冠軍，可是有的人也認為曾於運動家隊十七年的艾德森（Sandy Alderson）才是更棒，他領導沒有什麼財資的運動家隊贏了三次美聯冠軍，一次世界大賽冠軍，也曾當過大聯盟副總裁，打敗裁判工會的罷工，現在也是大都會隊經理，同樣重要的，他是上壘率（on base percentage，OBP）的應用者，改變了品評球員的方法。

艾德森是哈佛大學法學院畢業的律師，他在一九八〇年為運動家隊做的事是律師工作，可是三年後，他就變成了這隊經理。那時一般球隊經理選擇球員都是品評五大技能（所謂five tools），那是跑速，投球，守備，打擊與打長球能力，可是艾德森不認為那是球員最重要的技能，他更相信那時剛出名的棒球紀錄統計師詹姆斯（Bill James）的棒球觀點，詹姆斯認為球員的上壘率才是最重

要，能打長球的打者會使投手不敢對他們投好球，這樣的打者上壘的可能性也就增大，球員上壘多了，球隊攻分也會增多。

艾德森那時就請了史丹福大學的兩位研究生用電腦去探討什麼是最重要的打者紀錄，結果不是那時大家注重的打擊率，而是上壘率，其次是長打率，艾德森就開始聘用那種能耐心打擊，上壘率高的球員，最好也能打長球。例如：「神偷」韓德森、傑克遜與麥奎爾等，運動家隊也就開始能贏冠軍。

艾德遜與運動家隊這致勝秘訣保密了一段時期，使這隊不必花巨薪去聘請打擊率高的球星。運動家隊現在也是有名的球隊經理賓恩（Billy Beane）就是艾德森提拔出來的，這位經理繼續用上壘率選球員，也就使這沒財資的運動家隊二十多年來還能與別隊競爭。這隊在二〇〇五年時就有六位球員的上壘率至少是三成五，所以雖然打擊率與全壘打數都是美聯第十一，但仍然有第五的攻分。現在上壘率的重要因為那本《魔球》（Money Ball）的出版，已變成家喻戶曉，上壘率高的球員已不再是低薪的球員，運動家隊就必須要「另謀出路」，現在這隊要找的是守備好與不常會被三振的球員。

洋基隊在二〇〇六年時能打敗紅襪隊的一個主因可說就是因為在季中能交易到一位上壘高的外野手阿布瑞尤（Bobby Abreau），他加入洋基隊後的上壘率是0.419。在二〇〇四年時洋基隊的打擊率只有0.268，但上壘率是0.353，加上洋基隊能打出242支全壘打，洋基隊在那年就攻出全大聯盟第二的897分。

所以上壘加長打率（OPS）紀錄已變成現在最重要的攻擊紀

錄，那棒球統計大師詹姆斯在三十多年前的發現（或強調），現在已證實為金玉良言，這不但是從每支球隊的攻擊成績可以看出來。

最近有人依照詹姆斯那造分（runs created）公式也使人能看出上壘率與打出的壘數是與聯盟的全部攻分最有關連，這公式是：上壘率×全部壘數。例如：在一九二五年時國聯全部攻分是6,195分，那年平均上壘率0.348乘上全部打出壘數17,751的結果就是61,77分，只差十八分，這是多麼神奇的事！

詹姆斯曾是一位英文博士學位的研究生，他是文人，艾德森是一位律師，他們不是教練，也不是球員，但近代棒球最重要的攻分因素是被這兩人發現與實施，這再證實了棒球的確是文人，知識分子的球賽。

18 球場的重要數字

二〇〇七年

　　二〇〇六年時道奇隊球場與費城人球場各為全大聯盟三十座球場中最難攻分與最容易攻分的前五名之一。道奇隊球場攻分難，費城人球場容易，兩球場影響各隊的戰績也就不同。道奇隊比費城人多贏三場，有八十八勝場，也就能打進季後賽，費城人不能，所以這是不是再確定了一個事實，那就是攻分不易的球場對主隊有利？

　　品評球場攻分難易程度的方法是稱為「球場因素」（park factor）。這方法是很簡單，就是將球隊在主場的攻分數，除以所有在客場的攻分數，如果兩個攻分數目是相似，除出來的數目也就近1.00，這樣的球場就是被稱為攻分中性（neutral）的球場。如果是超過1.00，就顯示球隊在這球場攻分是比在客場攻分容易，這樣的球場就被稱為打者球場，如果是低於1.00，就顯示攻分比較不容易，就被稱為投手球場。因為這是用攻分的數目算出的，這樣的數目稱為PF-R，R是攻分數，如果是用全壘打數算的，就稱為PF-HR，HR是全壘打，這是用幾年的平均數字算出的。

　　在二〇〇七年時大聯盟三十座球場的PF-R前五名球場是洛磯

隊（1.12），遊騎兵隊（1.07），響尾蛇（1.06），費城人（1.03）與藍鳥隊（1.03）球場。洛磯隊的PF-R是1.12就是表示洛磯隊在主場的攻分是比在所有客場時多12%，費城人的1.03是多3%。球場的攻分難易是與球場大小，外野型狀（方角或圓弧），海拔高度（洛磯隊就很高），氣溫，溼度，風向與界外球區大小等有關。如果是以PF-HR算，洛磯隊變成第二，白襪隊是第一，費城人是第三，費城人的PF-HR是1.08。

費城人的1.03 PF-R與1.08 PF-HR使費城人變成在主場攻分容易的球場，但別隊以客場身份到這球場也是能攻分，費城人到外市以客場身份比賽就找不到像費城人這樣的球場，費城人隊也就吃虧了！費城人以客場比賽時也就比不上別隊，在客場比賽本來就比在主場較難，費城人還少了一座像費城人這樣比較容易攻分的球場做客場的場地，這對費城人也就不利，所以球隊怎麼可以建造攻分容易的球場？

一位棒球統計師柯漢（David Cohen）就要查出像費城人這樣球隊在客場比賽吃虧的程度，所以他就將球隊到客場比賽的場數乘上各球場的「球場因素」，全部加起來，然後除以八十一（半季在客場比賽場數），他稱這紀錄為「客隊球場因素」（road park factor，RPF），從這數字，人們就可看出每年球隊到客場比賽時實際的「球場因素」。例如：費城人在二〇〇五年在客場比賽實際的「球場因素」是0.975！那是國聯的倒數第二，比起別隊，費城人到別隊攻分的可能性減少2.5%，那同樣是沒有機會在自己容易攻

分的球場當客場比賽的洛磯隊，這數字是更壞，減少攻分的可能性更大。

　　將這費城人的0.975 RPF與這隊在二〇〇五年的1.10 PF相比，差別就是0.125。這就是說費城人到客場比賽要攻分的可能性比在主場比賽時減少12.5%。所以費城人怎麼能克服這差別？費城人要能好戰績也就不容易。

　　如果查看最難攻分的五座球場，各球場的ＰＦ是：教士（0.94），道奇隊（0.96），大都會隊（0.97），天使隊（0.97），印地安人（0.97），道奇隊那0.96 PF數字就是說在這球場攻分的可能性會減少4%，所以如果在客場一共攻出一〇四分，在這球場會變成一百分。如果以那柯漢的RPF（客場球場因素）算，道奇隊不必有攻分難的自己球場當客場，道奇隊在二〇〇五年的RPF就是1.027，這與道奇隊在那年的0.90 PF相比，道奇隊到客場比賽攻分的可能性就比在主場增加0.127，也就是說增加12.7%！

　　所以道奇隊有攻分不易的投手球場，這也就能幫助道奇隊在二〇〇六年打進季後賽，同樣有投手球場的教士與大都會隊也是一樣，反觀那二〇〇六年能攻下國聯最多八六五分的費城人反而不能，所以用「球場因素」與「客隊球場因素」的數字，是能證明擁有攻分容易的球場反而是對球隊不利的。

19 DIPS顯示投手真技能

二〇〇五年

在過去十五年美國棒球研究者對品評投手技能的方法，可能沒有人會比一位名叫麥柯拉肯（Voros McCracken）的棒球迷更有貢獻。麥柯拉肯是一位律師助理，他在一九九九年發表的一篇文章〈與守備無關的投手表現紀錄〉（defense independent pitching stats，DIPS）就是經典之作，到現在還無人能成功地挑戰他這對投手紀錄革命性的看法。

麥柯拉肯用一九九八年與一九九九年兩年六十位投手的表現紀錄做研究。他發現投手每年被打出的安打數與球隊守備或運氣好壞息息相關。每位投手不管球技好壞，他們要防止球被打出後（所謂ball in play）而變成安打的能力可說都沒有什麼差別，投手的命運全是在守備者手上或運氣好壞。

他在那兩年中發現優越的大投手像藍迪・強森（Randy Johnson）與馬丁尼茲（Pedro Martinez）在這種球被球棒打出後變成安打的數目竟然是全大聯盟第六與第五多！

如果只以這數目去計算這兩位投手的防禦率，他們兩人會變成

這兩年倒數十名內的投手，所以麥柯拉肯就問，這樣被打出的安打數（與防禦率）怎麼可作為品評投手表現的紀錄？

使藍迪‧強森與馬丁尼茲不會變成差勁投手是靠這兩人那能夠投出使打者球棒不能觸到球的能力，那就是他們三振打者的能力，這使他們不會受到球隊守備好壞的影響，他們也很少被打出全壘打或保送打者，減少失分的可能性，他們才會有優越的防禦率。

如果只以三振數，被打出全壘打數與保送打者數去品評投手，藍迪‧強森就是一九九九年的最佳投手，馬丁尼茲是第三，所以這才是正確品評投手的方法，與球隊守備好壞無關，這比投手自責分與防禦率的算法更正確。麥柯拉肯就創造了「與守備無關防禦率」（DERA），主要用三振率，全壘打率，保送率等算出投手的真正防禦率，他變成了研究這與守備好壞無關品評投手方法的開山始祖。

現在除了麥柯拉肯外，還有其他人也用這原則創造品評投手的方法。例如：DICE（defense-independent component era）、FIP（fielding independent pitching）與XFIP（expected fielding independent pitching）等，這些算法的原則都是算投手被打出全壘打數與保送數，減掉三振數，然後再算出平均每局的這數值，這都是比防禦率更正確品評投手的方法，所以麥柯拉肯在美國棒球研究的地位可說已是確定了。

20 VORP是什麼？

二〇〇七年

VORP（value over replacement player）是二〇〇二年時一位名叫伍納（Keith Woolner）的棒球研究者創造的，他是第一位創造與替代球員比較去品評球員價值的研究者，這VORP名詞的意思就是「超越替代球員價值」。伍納會創造這方法是因為這可用以品評不同守備位置球員對球隊的貢獻。

例如：大家知道要當游擊手是比要當一壘手更難，所以如果一位游擊手與一位一壘手有相同上壘加長打率（OPS），大家知道那游擊手是更寶貴，不但是因為游擊手的守備比較難，而且要找到攻擊好的游擊手也比較不容易，所以游擊手是更有價值，但這價值要怎樣才能使人看出？

伍納的方法就是算出每一守備位置替代球員（replacement player）的表現紀錄，如果要品評一位球員的價值時，就將這球員的紀錄與替代球員的紀錄相比，這球員超越（over）替代球員的紀錄數字就是VORP（超越替代球員價值）。

用這方法，大家就能看出有相同上壘加長打率的游擊手與一壘

手兩人間，游擊手的VORP是會更高了，這是因為一般替代游擊手的攻擊能力是不如替代一壘手，這樣要被品評的游擊手與替代游擊手攻擊紀錄的差別也就會比一壘手與替代一壘手的差別大，所以游擊手的價值也就會更大了。

伍納開始時用的球員攻擊紀錄是用棒球統計大師詹姆斯（Bill James）創造的「造分」（run created）公式，這是上壘率乘以打者攻出的全部壘數，這公式就包含了所有打者能攻分的可能性，包括安打數，被保送數，長打數與盜壘數，而且還包括了球員比賽場數因素，伍納後來也加入球場與不同聯盟因素算出。公式中的打者攻出壘數算法是算出打者所有上壘的壘數。例如：打者打出十支一壘安打，十支全壘打與被保送十次，全部壘數就是六十，如果他的上壘率是0.400，他的造分數目就是二十四。

要算替代球員表現紀錄的方法是先找出大聯盟各守備位置的三十名先發球員（因為大聯盟有三十隊），然後再算出各位置的其餘替代球員的平均表現紀錄，這包括球隊的後備球員與小聯盟3A球隊球員的表現紀錄。

用這方法就算出二〇〇六年時VORP最高的球星是紅雀隊一壘手強打普荷斯（Albert Pujols）的85.4，可是那年只能打出十四支全壘打的洋基隊游擊手基特也有80.5 VORP，排名第三，如果只看兩人的上壘加長打率，基特是比不上普荷斯，基特是0.900，普荷斯是1.102。所以這位棒球統計師伍納創造了VORP，也就使人能看出基特與普荷斯是相同等級的大球星了。

21
WAR紀錄鑽牛角尖，
沒有存在價值
二〇一四／二／一

　　可能因為我是老了，不大願意接受新的事物，現在閱讀棒球文章時看到WAR紀錄就很厭惡。我認為這紀錄一點都不吸引人，字語很僵硬，品評球員技能與價值怎麼能稱為幾個「戰」（WAR）？這紀錄因為要包括球員的攻擊與守備技能在一能，結果是兩者的重要性都沖淡了。

　　如果球隊要找一個攻擊球員，從這數字去找也就不易。最明顯的例子是現代攻擊最強的老虎隊強打卡布瑞拉，他因為守備不佳，他的WAR值排名大聯盟第五，不能從這數字看出他是第一攻擊大將。如果他都是如此，要看普通球員的攻擊能力，又怎麼能查出？

　　所以WAR是能看出球員對球隊貢獻，但看不出攻擊或守備各別技能，得不償失。

　　就是因為球員的攻擊能力重要性被沖淡，一般球員的這WAR值也就相差無幾，看到他們這WAR數字也就毫無趣味。不像二成與三成打擊率或0.700與0.900上壘加長打率（OPS）的差別，球迷一目了然。我對棒球現代新紀錄的看法是如果一般普通球迷不能自

已算出來，就是大眾球迷不能共同享受與起共鳴的紀錄，它的價值與用處不大，也就不需要。我品評球員不要引用這樣的紀錄，WAR就是其中一種。

WAR是wins above replacement的縮寫，A就是Above（超越），Wins是勝場，代表球員表現，Replacement是替代球員的意思。這是要品評球員對球隊「全部」貢獻的一個方法。例如：攻擊球員不但要包括他們的打擊表現，而且也要包括他們的守備為球隊救下或失去的分數；更重要的，這紀錄還要品評出攻擊球員所擔任守備位置的重要與價值。

例如：同樣是打出二成八打擊率的外野手與游擊手，大家知道游擊手是更有價值，因為游擊手守備較難，而且一般游擊手的打擊率也比外野手低。所以要表現出誰更有價值的一個方法，就是比較各人與平均替代游擊手或外野手的差別。很顯然的，那位游擊手與平均替代游擊手表現的差別，一定會比那位外野手與平均外野手的表現高，因此那位游擊手的WAR紀錄也就會比外野手高。一般球迷如果看到這紀錄的計算方法一定會大罵！因為沒有多少人能算出，這是現代棒球研究者鑽牛角尖的最大惡例！

大家可看出WAR是一種更複雜的VORP紀錄方法。VORP是二〇〇二年時一位名叫伍納（Keith Woolner）的棒球研究者創造的，伍納是第一位創造與替代球員比較表現紀錄的研究者。VORP的意思就是value over replacement player（超越替代選手價值）。球迷用這方法自己可算出VORP價值數字。因為這不包括守備表現

數字。

伍納用棒球統計大師詹姆斯（Bill James）創造的「造分」（run created）作為球員的表現數字，這造分公式是以打者上壘率乘以打者上壘的全部壘數。例如：打者打出十支一壘安打、十支全壘打與被保送十次，全部壘數就是六十。

VORP包含了打者的安打數、被保送數、長打數、盜壘數，而且也包含了打者比賽場數因素，後來還用球場與聯盟因素調整這紀錄數字。

替代球員的表現數字是先找出大聯盟各位置球員的前三十名球員（因為一共是三十隊），然後算出其餘各位置替代球員各有的平均表現數字，VORP紀錄就是球員的造分數字減掉各位置替代球員的平均造分數字。

用這方法就能算出二○○六年時VORP最佳的球員是紅雀隊的一壘手普荷斯（Albert Pujols），他的造分是154.7，減掉那年大聯盟一壘替代球員的平均造分69.3，他的VORP就是最高的85.4；可是只打出十四支全壘打的洋基隊游擊手基特（普荷斯打出四十九支）居然也有80.5 VORP，排名第三。因為他比替代游擊手的數字差別很大，就這樣人們能看出普荷斯與基特是價值相差不多的兩大球星，所以這是一個比較簡單，也能正確品評球員價值的方法。

反觀WAR方法，我現在也不要浪費時間去介紹它的算法，因為我也看不懂，要數學家才能算出！我可以告訴大家這有兩種方法，一種是Baseball Reference網站提供的方法，另一種是

Fangraphs網站的方法。用這兩個方法去計算出球員攻擊得到的分數與守備救下或失去的分數，用淨得的分數去與各位置替代球員的平均分數比較，而以差別分數去計算win（勝場），差別十分就是等於1.0 win，也就是說有1.0 win就是比替代球員多得十分。

要算出球員分數要用打擊、跑壘、守備紀錄數字，還要加上比賽場數因素，一般球迷會看不懂這計算公式。這方法也可用相似公式算出投手的WAR值，這WAR紀錄也能算出球員生涯表現數字。例如：貝比・魯斯生涯比賽二十二年，他也就有最多的183.8 WAR。此外也可以將所有球員的WAR加起來，而使人看出球隊的強弱。

依照Fangraphs的方法，去年大聯盟三十名最佳球星中，天使隊外野手特勞特（Mike Trout）有最高的10.4 WAR。老虎隊三壘手強打卡布瑞拉（Miguel Cabrera）的7.6 WAR是第五，主因是他的守備不如特勞特。金鶯隊三壘手馬查多（Manny Machado）攻守俱佳，也有排名第十的6.2 WAR，洋基隊前二壘手卡諾的6.0 WAR是第十二，今年加入洋基隊的前紅襪隊中外野手艾爾斯・布瑞有第十三的6.0 WAR，所以他與卡諾是相差不多；第三十是印地安人的內野手奇普尼斯（Jason Kipnis），他的WAR值是4.5。

全大聯盟約七百五十名球員中，第一名到第三十名的WAR是在10.4至4.5間，其餘七百二十名的WAR是在4.5至0之間。如果WAR超過8.0是被認為MVP等級球星，超過5.0是明星賽球星，超過2.0是先發球員，0到2.0是後備球員，0以下就是替代球員（大多是

3A小聯盟球員）。所以可說全大聯盟扣掉前三十名後的七百二十名球員WAR是在4.5到0之間，每個球員的數字差別很小，也不易明瞭這數字意義，不能看出攻擊能力，所以這可能是棒球史上創造的紀錄數字中最無趣味的。

我認為這都是因為WAR加入那守備紀錄數字，而且又轉換為勝場（win）的緣故，這變成更為複雜，我不認為這紀錄會長久存在。WAR最重要的貢獻是能夠比較不同守備位置球員的價值，但使用VORP方法已可達到這目的，不必去勞動數學家算出WAR。

二○一一年時就有一位作家貝提加（Mike Peticca）就嘲笑ESPN的一篇文章，因為那篇文章盲目稱讚遊騎兵隊二壘手金斯勒（Ian Kinsler）與三壘手貝爾崔（Adrian Beltre）對球隊的貢獻，說金斯勒有遊騎兵隊最高4.5 WAR，貝爾崔有第二的3.6（這與他們守備優越有關）。

貝提加提醒球迷遊騎兵隊外野手強打漢米爾頓（Josh Hamilton）的WAR值雖然不如那兩位，但那年遊騎兵隊如果有漢米爾頓的比賽，就有四十一勝二十一敗戰績，沒有他就只有十六勝二十二敗，這樣的差別能夠從那WAR紀錄看出？所以我認為我們對這WAR的看法也應該像貝提加一樣。

22 巨怪的勝場與防禦率

二〇〇七年

大投手藍迪‧強森（Randy Johnson）在二〇〇五年從響尾蛇被交易到洋基隊後，只為洋基隊效勞兩年，在二〇〇七年又回到響尾蛇。大多數洋基隊迷對這位綽號「巨怪」（Big Unit）的大投手不大欣賞，對他又回響尾蛇也不惋惜，他沒有為洋基隊贏一場季後賽，二〇〇六年的防禦率也高達5.00。洋基隊比賽廣播員凱依（Michael Kay）在強森離開洋基隊後，曾與一位球迷Chris辯論強森在洋基隊是成功或失敗？凱依認為成功，Chris認為失敗，這也是主要在辯論品評投手，勝場是更重要或防禦率？因為強森的防禦率在二〇〇六年雖然是5.00，但他也能贏了十七場（輸十一場）。

球迷Chris認為強森能贏十七場是因為洋基隊能為他攻分，凱依辯論說洋基隊的另一位有名投手穆西納（Mike Mussina）雖然有比強森更佳的3.51防禦率，但他為什麼不能贏十七場？強森在二〇〇六年不能為洋基隊贏季後賽，但穆西納也不能贏。凱依也說穆西納在季後賽洋基隊以三比一領先老虎隊時，他也不能贏，後來以三比四輸了，他似乎要說如果是強森在那領先狀況，他就不會輸，

這是為什麼強森能贏十七場。

　　凱依說強森投球是「依照球隊攻分情況而投」（pitching to the score），如果洋基隊已為他攻下八分，他不會拚老命要封殺對方，所以他可能會被攻下六分，他的防禦率就會增高了，但洋基隊仍然會贏，好投手是這樣投的，凱依也說洋基隊是在攻擊強的美聯東區，強森的防禦率會增高是不能避免。

　　球迷Chris舉例辯論說印地安人投手米兩伍德（Kevin Millwood）在二〇〇五年時有好的2.86防禦率，但他在那攻擊差的印地安人隊只有九勝十一敗成績，所以強森還是比米爾伍德更好的投手？這句話難倒了凱依，他不得不說Chris說得沒錯。

　　凱依不能逃避事實，洋基隊在二〇〇六年平均每九局為強森攻下的7.51分是大聯盟中最多，白襪隊投手伯利（Mark Buerhle）在二〇〇六年的防禦率4.99是與強森相同，但伯利的成績是十二勝十三敗！強森在二〇〇四年於響尾蛇時的防禦率是2.60，但他也只有十六勝十四敗成績，如果他是真正優越，他應該有更好成績。

　　查看強森在比賽輸贏時的防禦率，他在贏了十七場時的防禦率是3.50，輸掉十一場時是6.96。在那贏到的十七場中有七場至少被攻下三分，可見是因為洋基隊能為他攻分，他才能贏那七場，但在那十七場中也只有三勝是因為洋基隊的攻擊使他至少能領先五分，所以強森會贏是有洋基隊攻擊的援助，但他也不是不佳的投手，他只是不如真正能贏十七場的投手，但也不像防禦率是5.00的投手那麼差。

如果用其他紀錄品評強森，他可說在二〇〇六年的表現還是優越的，他的一七二次三振在美聯是排名第八，他在每局被打出安打數加上保送次數是1.24也是排名第八，所以凱依為強森辯護還有些理由，凱依只是跟隨多年來的看法，認為勝場才是投手的實際成績，就像打者的打點與球隊勝敗最有關連，所以是比較重要。

　　會得勝的投手常有堅強贏勝意志，被攻下多分時不會崩潰，這不能從紀錄數字看出，從一九六九年到一九九三年的一共四十九名塞楊獎投手中，勝場最多的投手就有三十二位，防禦率最佳的只有十二位，但以後是會改變，人們還是會注重防禦率，所以勝場與防禦率的辯論還是不會終止。

23 有趣的棒球數字

二〇〇七／一／十二

棒球的樂趣不只是看比賽，分析棒球紀錄也是很有趣。沒有其他運動像棒球有那麼多紀錄與統計數字，所以有人就說棒球數字是棒球的生命線，它連接了各代的棒球成就。棒球數字也就使棒球變成了被討論最多的球賽，這也是沒有其他球賽可與棒球相比。棒球可以比喻投手的勝場為打者的打點，防禦率為打擊率，哪一種其他球賽的攻守紀錄有這樣美妙的比喻？美國有一棒球網站「ACTA Sports」每週報導有趣統計數字，如下便是這網站在二〇〇五年與二〇〇六年報導的一些有趣數字。

投手球速與防禦率（二〇〇六年）

在季中，球速低於九十哩：防禦率4.58；九十哩至九十三哩：防禦率4.29；超過九十四哩：防禦率3.84。

在季後賽中，球速低於九十哩：防禦率4.71；九十哩至九十三哩：防禦率4.18；超過九十四哩：3.42防禦率。

這結果顯示在季後賽時，能投快速球的強投變成更重要，這是

老虎隊在二○○六年季後賽能打敗洋基隊的一個主因。

打者對曲球與快速球的打擊成績

二○○五年成績是：曲球的打擊率為0.221，長打率0.343；快速球的打擊率為0.282，長打率0.447。

這是大家會意料到的，可是投快速球的次數比投曲球多七倍，這是因為曲球不好投，要投出好球不易，所以那時能投曲球的投手齊托（Barry Zito）就能從巨人隊得了一億兩千六百萬美元合約。

可是球隊在季後賽時需要的是能投快速球的強投，齊托在二○○六年美聯冠軍賽就被打擊得落花流水，他加入巨人隊後也表現平平。

最重要的攻分

二○○五年的統計顯示球隊能先攻下第一分時，會贏的可能性從50%增加到65%，美國棒球有一句話就說如果能先攻下一分，對方球隊就要攻兩分，對方比賽時會有更大壓力。

攻下第五分時，增加的會贏可能性雖然也只是63.5%，但這是從攻下第四分的44%增到63.5%，增加的19.5%是最多，所以第五分的重要可說與第一分不相上下。

普荷斯的卓越

二〇〇七年時普荷斯（Albert Pujols）還在紅雀隊，那時是二十七歲。他在二十五歲時有人將他與以前的大球星在他們二十五歲的上壘加長打率（OPS）比較，結果是只有四位的紀錄比他更好，他們是威廉斯（Ted Williams，1.123）、貝比·魯斯（1.101）、福克斯（Jimmie Foxx，1.073）、賈里格（Lou Gehrig，1.069）、普荷斯（1.037）。

打序與打席次數

二〇〇六年的第一棒打席次數是767次，第二棒是749次，第三棒是732次，第四棒是714次，第五棒就降到697次。

打者打擊時已有隊友上壘的情況是第四棒的363次最多，第三棒是351次，第五棒是333次，第二棒是323次，第一與第六棒各只有259次與314次。

如果將這兩數目加起來，第三棒就有最多1,083次，第四棒有1,077次，但第二棒也有1,072次，比第一與第五棒更多與更重要。

24 POP是小球攻法重要數字

二〇〇五年

　　品評球隊攻擊力最重要的紀錄是得分（run），上壘率（OBP），長打率（SLG %）與上壘加長打率（OPS），其他攻擊紀率像打擊率與全壘打數是次要的，球隊得分與上壘率、長打率的關連是比與打擊率、全壘打數更大。如果兩支球隊有相似上壘率與長打率，但得分不同，一般認為打擊率才會變成使球隊攻擊超越別隊的又一因素，可是除了打擊率外，還有其他因素也能使球隊攻擊超越別隊，「有貢獻出局率」（productive out %，POP）就是這樣的一個因素。

　　「有貢獻出局」包括在零出局時能打出外野高飛球或滾地球使已上壘隊友進入下一壘或從三壘跑回本壘得分。投手打擊時犧牲觸擊而能使隊友進下一壘也是其中一種。「有貢獻出局」與盜壘也就是不能打長球球隊的兩種「小球攻法」（small ball）。有的球隊不喜歡用「有貢獻出局」攻法像二〇〇四年的運動家隊，有的喜用像天使隊，天使隊的「有貢獻出局率」就是全大聯盟第八名，運動家隊是第二十九名。天使隊就有三位打者的「POP」是在大聯盟前

三十六名內，運動家隊在這紀錄最高的打者是第三十七名，所以這差別可說是天使隊在二○○四年會比運動家隊攻分更多的一個原因。

天使隊這種「有貢獻出局」攻法也稱為「contact ball」，打者打擊要觸到球，不要被三振，天使隊打者在二○○四年的14.8%被三振率就是美聯最低，最高的是洋基隊的18.3%，紅襪隊的16.6%是第七少，洋基隊的這缺點在美聯冠軍賽也就被暴露了，面對紅襪隊強投，洋基隊在那冠軍賽不能再打出全壘打，又不能用小球攻法，才會被紅襪隊打敗。

在那美聯冠軍賽第五場第七局一出局時，洋基隊有跑者在三壘，洋基隊打者A-Rod那時不必打出安打，他只要能有「有貢獻出局」，打出外野高飛球或滾地球，洋基隊就能攻下一分，而以五比二領先，可是A-Rod那時竟然被三振！洋基隊後來才會被紅襪隊以四比四追平，而在延長賽輸了，洋基隊就失掉了贏那冠軍賽的最後機會，紅襪隊在第六場與第七場全勝，進入世界大賽後也連勝四場而贏得了已有八十六年未拿過的世界大賽冠軍，所以可說是A-Rod在那第五場不能用小球攻法，不能有「有貢獻的出局」，才會改變了紅襪隊與洋基隊的棒球命運！

所以要看球隊的攻擊能力，不但要從大處著眼（上壘率與長打率），而且也要從小處看，球隊是否有「小球」攻擊能力？「POP」數字是多少？是否常被三振？

天使隊在二○○四年能打敗運動家隊而贏了美聯西區冠軍，紅襪隊能打敗洋基隊而贏了美聯冠軍就是兩個明顯的例子。

25 二〇〇八年有趣紀錄數字

二〇〇八／十二／十

　　二〇〇八球季有兩人統計出兩項有趣的打擊紀錄數字，一是關於三振數對安打的影響，二是投手投球數與打者打擊結果的關聯。這兩項統計結果會令人思考打者是否需要減少被三振？打者在打擊時是否要耐心打擊，要使投手投多球？這兩個是一般人的看法。

　　大多數的人認為如果三振數減少了，打擊率會增高。可是要減少三振，就不能大揮棒，如果不用力揮棒，球棒打到球時的威力就不強，這樣打出的球不但比較難打出全壘打，而且要打出普通安打的可能性也會減小，所以減少三振真的會增加打擊率？

　　一位在大學教經濟學的球迷莫隆（Cyril Morong）曾創出觸球打擊率（contact average），他就認為用這打擊率是比普通打擊率更能看出三振數對安打數的影響。這觸球打擊率算出沒有包括三振數的打擊率，算法是：安打數÷（打數－三振數＋高飛犧牲打數）。

　　這種打擊率可看出打者在沒有被三振時打擊的好壞。例如：兩位打者在一百次打數時都打出三十支安打，打擊率都是三成，可

是一位在那一百次打數中有二十次被三振，另一位只被三振十次，那位被三振二十次打者的觸球打擊率就是0.375（30÷80），被三振十次的是較低的0.333，這就可以使人看出兩人打擊揮棒強度的差別。很顯然的，那被三振二十次的打者揮棒較強，他也才能打出三十支安打，所以他怎麼能想要減少三振而改變打法？

今年費城人強打霍華（Ryan Howard）被三振的次數是與去年同樣是一百九十九次，去年的0.268打擊率與今年的0.251沒什麼太大的差別。但去年的觸球打擊率0.421與今年的0.372就差別很大，這是因為霍華去年的打數五百二十九次是比今年的六百一十次少。但同樣被三振一百九十九次，他在去年沒有被三振的三百三十次打數中能打出一百四十二支安打，但在今年是四百一十一次打出一百五十三支，不如去年，這才有那觸球打擊率的差別。所以如果霍華今年不用力大揮棒打擊，還會被三振一百九十九次，他今年還能打出一百五十三支安打（四十八支是全壘打）？做這統計的莫隆也就認為霍華不必想要減少三振數。

另一位棒球統計師狄旺（John Dewan）算出投手投球數與打者打擊率，上壘率與長打率的關聯。他算出打者在投手投多球時（至少四球）打者的平均打擊率是0.223、長打率是0.348、上壘率是0.352。在投手投球少時（最多三球），打擊率是0.301、長打率是0.467、上壘率是0.317。所以打者在趕快要打完的狀況時打擊率與長打率較高，上壘率較低，這在投手只投一球與七球兩極端狀況時的差別更大。

這位統計分析師狄旺認為打者對投手開始投的球（特別是第一球）會全心全意打擊，所以才會打出更高打擊率，天使隊就是這樣打擊。可是如果有耐心打擊，不但上壘率會較高滿，而且投手投了多球後，也不能投多局，紅襪隊與洋基隊都是這樣打擊。

26 品評守備正確方法

二〇一〇／一／二

　　最近人們分析水手與洋基隊在二〇〇九年會贏的原因，認為兩隊防守的改進也是一個重要因素，就像光芒隊在二〇〇八年也是靠防守才能贏了美聯冠軍。加上現在大家也看到防守優越的自由球員是比能打擊的球員更搶手，這會使人感到防守可能會是球隊認為在二〇一〇年要想得勝的捷徑。

　　水手在二〇〇九年的戰績突飛猛進，從二〇〇八年只贏六十一場，到二〇〇九年贏了八十五場，這最大的原因是水手在二〇〇九年有全大聯盟最佳守備紀錄。這可從現在品評球隊防守的兩個方法看出：一個是守備效率（defensive efficiency rating），另一個是靠守備救下的分數，水手今年在這兩紀錄都是最佳。

　　守備效率算出對方打者打到球後，球隊使那打者出局的百分率，其中打者打出全壘打、被保送、被三振或被球擊中的情況都不算，這是棒球統計大師詹姆斯（Bill James）創造的。水手今年的守備效率有大聯盟最佳的0.7282，第二位是道奇隊的0.7253，最差的是太空人隊的0.6887，紅襪隊的0.6905則是倒數第二。有人也算

出水手在二〇〇九年因為守備優越而救下的分數，有全大聯盟最多的一〇九分，比二〇〇八年的十七分是多了九十二分。

　　依照一般的算法是救下或失掉十分會導致球隊贏一場或輸一場比賽，所以水手在二〇〇九年多救下九十二分，能幫球隊多贏九場，再加上投手與攻擊表現也增強，才使他們在二〇〇九年能比〇〇八年多贏二十四場。如果只從一般的守備率（fielding percentage）方法去看，因為水手今年有大聯盟第八多的一百零五次守備失誤，0.982守備率就只是大聯盟第二十三位，這不能使人看出水手在二〇〇九年有優越守備的效果。

　　所以因為水手這大轉變，大家才會看出好的防守會幫球隊贏球，而且增強防守也比增強打擊花錢少。例如：水手今年就用了兩位默默無名、低薪的外野手古提亞雷茲（Franklin Gutierrez）與查維茲（Endy Chavez）去增強守備。這兩人與鈴木一朗今年在外野一共救下大聯盟最多的五十六分。

　　有人也分析洋基隊在二〇〇八年因為防守差而失掉了三十八分，這只有皇家隊的四十二分是更差。洋基隊的防守在二〇〇九年增強，變成了防守中等的球隊，守備救下兩分，這與二〇〇八年比較就有四十分的差別。光靠強化防守，洋基隊在二〇〇九年就應多贏四場。洋基隊今年的守備效率0.7104是大聯盟三十隊中的第六位，用一般的守備率，洋基隊的0.985只排名第九。

　　大家知道洋基隊在二〇〇九年防守會轉佳的主因，是因為有一壘手塔薛爾拉。二〇〇八年洋基隊一壘手（吉安比等）一共使洋基

隊失掉了十八分，塔薛爾拉在二〇〇九年救了一分，這與二〇〇八年的差別就是十九分，塔薛爾拉也使卡諾、基特與A-Rod投球到一壘的失誤減少。有人算出塔薛爾拉三年來一共救下的十五分是大聯盟所有一壘手中的第五位，紅雀隊的普荷斯是第一，他救下五十六分。

明瞭防守的重要，大家也就能瞭解守備優越，但打擊平平的自由球員像游擊手艾佛瑞特（Adam Everett）與外野手克里斯普（Coco Crisp）等，現在都有球隊要他們，但打擊強，守備中等的球員像一壘手赫夫（Aubrey Huff）與外野手卡斯特（Jack Cust）等都還沒有找到球隊。

在二〇〇九年守備效率只有0.6905的紅襪隊現在也知道必需要在這方面改進，因為不想給左外野手貝依（Jason Bay）超過六千萬元的薪水，所以不續聘他，而改簽了中外野手卡麥隆（Mike Cameron），只花兩千萬元，紅襪隊這樣做的另一個原因就是卡麥隆比貝依守備更佳。

洋基隊現在認為左外野手自由球員戴蒙要求的薪水還是太多，所以還沒打算續聘他，但很有可能洋基隊也認為賈德納（Brett Gardner）會成為防守比戴蒙更好的左外野手，洋基隊為了防守，願意犧牲攻擊。

27 移陣守備，光芒隊勝利妙方

二〇一二／四／九

　　洋基隊與光芒隊在六日與七日的兩場大戰都輸了，在第一場被光芒隊以七比六打敗，表面上看起來這是洋基隊王牌先發沙巴西亞差勁的表現造成，他在第一局被打出一支滿貫全壘打就失四分，但是四十二歲的王牌救援李維拉真的是太老了，在第九局失兩分才讓洋基隊輸球。洋基隊在第二場比賽也被光芒隊以八比六打敗，大家都看到洋基隊的先發投手黑田博樹是比不上光芒隊的普萊斯（David Price），黑田主投五又三分之二局失六分，普萊斯投六又三分之一局只失兩分。

　　如果洋基隊迷要找出更多輸球的戰犯，在第一場的另一位就是洋基隊教頭吉拉迪，他在第一局兩隊都還沒攻出分數時，就將小事變成大事，他要沙巴西亞故意保送那生涯打擊率只是0.229的羅德里茲（Sean Rodriguez），不但這樣讓光芒隊攻佔滿壘，也令人懷疑如果沙巴西亞不能解決那無名打者，他怎麼有資格當王牌？但那必需要「看書」才能指揮比賽的吉拉迪就是要這樣做，因為紀錄手冊上寫那右打者羅德里茲對左投打出0.260打擊率，光芒隊下一

打者潘尼亞（Carlos Pena）是左打，生涯對左投沙巴西亞只打出0.114。吉拉迪就認為潘尼亞才是沙胖應該要對付的打者，他沒有想到在這樣的場合真有需要這樣做嗎？有沒有想到他自己造成的滿壘危機，不但會使光芒隊大將潘尼亞可能有非凡的打擊表現，這也會使沙胖投球更緊張？大家知道潘尼亞那時就打出滿貫全壘打。吉拉迪當洋基隊教頭的一個缺點，是他當球員時只是一個小將，所以他當教頭也就沒有大將之風。

洋基隊在第二場除了投手黑田博樹外，另一位戰犯是游擊手努涅亞，他在第一局的守備失誤不但使光芒隊能攻兩分，而且使黑田在這場比賽沒有一個好的開始，可是大家可看出二十五歲的努涅亞有可能成為洋基隊今年重要的年輕攻擊大將，他守備的缺點是洋基隊必需要付出的代價。

除了投手外，洋基隊有一位打者也是戰犯，就是那千萬富豪、但現在還想賺更多錢賣果汁的塔薛爾拉，他在兩場比賽一支安打也打不出！洋基隊在兩場比賽一共打出十八支安打，光芒隊打出二十二支。洋基隊雖然在第一場在第一局失四分，但從第四局到第八局都是以六比五領先，在這六局中洋基隊一共有三次攻佔滿壘機會，但一分也攻不出。如果洋基隊能攻下一、兩分，就有可能會贏。這都是光芒隊教頭麥登（Joe Maddon）在這時都用他那著名的移陣守備（shifts）對付洋基隊打者的緣故，他看不同洋基隊打者的打法，會將大部分光芒隊的守備球員移陣到右外野或左外野，洋基隊打者那時就打不出安打，像葛蘭德森就有兩支安打報銷，因

為光芒隊游擊手站在二壘右邊守備。

在第二場比賽也是一樣。例如：到了第九局，光芒隊以八比六領先，洋基隊卡諾已上壘，A-Rod打擊時，光芒隊二壘手就移陣到中外野手前面，而A-Rod那時打出的球剛好就飛到那裡，因此就遭到接殺出局，洋基隊也輸了。

有人就計算光芒隊去年一共移陣守備兩百一十六次，那是大聯盟最多，這使光芒隊去年有最佳守備表現，估計一共救下八十五分。如果依照救下十分就會使球隊能夠贏一場的算法，這方法就使光芒隊去年能多贏至少八場。光芒隊去年贏九十一場，以一勝之差才能得外卡，所以如果沒有這移陣計策，這球隊總薪是大聯盟倒數第二的光芒隊去年就不能進入季後賽，麥登也不會被選為美聯最佳教頭。所以很可能這移陣守備將會被人認為就是光芒隊現在會贏球的秘方，大聯盟其他球隊將來也不得不學光芒隊了。

28 0.3秒投球時間差別制止盜壘16%

二○一四／二／二十五

　　去年美國Baseball Info Solutions網站有兩篇文章報導他們關於盜壘的研究成果，在十二月三十日的一篇報導去年球季大聯盟球隊制止盜壘最佳與最差的三隊，在四月二十四日的一篇報導投手與捕手投球時間與盜壘成功率的關連，結論是從投手投出球到捕手接到球後，再傳到二壘的全部時間如果要多用0.3秒，就會使對方跑者盜壘的成功率從61.4%增到77.1%，換句話說，要制止對方盜壘可能性會從38.6%降到22.9%，差別是15.7%，約為16%。我覺得這是很精彩的盜壘研究，對棒球知識貢獻很大，所以我在此報導，要與球迷共享。

　　這研究包括投手投球時間（delivery time）與捕手接到球後再傳到二壘的時間，他們稱為pop time，直譯是爆發（pop）時間，可譯為捕手傳球時間。最好的捕手平均傳球時間是1.9秒。例如：金鶯隊的威特斯（Matt Wieters），紅雀隊的莫里納（Yadier Molina）與海盜隊的馬丁（Russell Martin）等能這樣傳球，他們能制止盜壘可能性就有30%以上，比較差捕手需要2.0秒以上，所以

只能制止盜壘15%。例如：教士的貝克（John Baker）與紅人的梅索拉柯（Devin Mesoraco）等，所以只差0.1秒時間就有這樣差別！

投手的平均投球時間是1.4秒，最好的像國民隊的史特拉斯堡（Stephen Strasburg）與紅人的奎托（Johnny Cueto）等是在1.3秒以下。用這投手投球與捕手傳球加起來的時間去與盜壘成功或失敗率比較，便是這研究的方法。如果加起來的時間是在3.25秒以下，對方盜壘成功率是61.4%，在3.25到3.40秒間是68.7%，3.40到3.55秒間是73.9%，超過3.55秒是77.1%，所以如果需要從3.25秒增加到3.55秒，多用0.3秒，對方盜壘的成功率就增加約16%，也就是說要制止盜壘的可能性會從38.6%降到22.9%，去年大聯盟球隊平均制止盜壘的可能性是27%。

在十二月三十日那篇研究報導說二○一三年投手與捕手共同制止對方因盜壘得分的最佳三隊是道奇隊（防止十一分），勇士隊（防止七分）與洋基隊（防止七分），道奇隊的投手與捕手都表現佳，各能制止六分有五分。最差的三隊是老虎隊（失十六分），天使隊（失十二分）與紅襪隊（失九分），老虎隊的捕手艾維拉（Alex Avila）是最差，他一個人就失掉七分，其他兩位捕手也不佳，所以老虎隊制止對方盜壘成功率只有18%，那是大聯盟所有球隊中倒數第二。

29 中外野手守備，站前好還是站後好？

二〇一四／二／十三

　　中外野手、游擊手與捕手都是球場重要的中線防守球員，守備方法也就常被討論。中外野手最常被提及的話題是他們守備時應站在前方或後頭？主張站在前方的人會說「十支打來的球有八支會打到前方」，或者「六支打來的球只有一支會飛到後頭」。一九二〇年代一位有名中外野手史畢克（Tris Speaker）就常站在二壘後只有三十到四十呎的位置守備，他說比賽時有時要冒風險，球如果飛過他頭部會造成二壘或三壘安打，但那可能性不大。

　　已故的洋基隊中外野手墨塞（Bobby Murcer）也喜歡站在前方守備，除了球常會打到前方的理由外，還有守備容易或困難的理由。他說如果他站在後頭守備，而球落下到前方，球落下時常會已經到膝部低處，並不好接；如果他站在前方，而球飛到後頭，球落下時常會到臉部的高度，較容易接。棒球史上最有名中外野手梅斯（Willie Mays）也喜歡站在前方守備，他的一個理由是如果他站在後頭，而球落下到前方地上，他會感到罪過，對不起投手。

　　主張站在後頭守備的人，他們的理由也很充足。已逝雙城隊有

名中外野手帕克特（Kirby Puckett）曾說站在後頭守備有可能阻止球飛出牆外，減少對手全壘打是比賽輸贏關鍵，比站在前方防止對方打出一壘安打更重要。不但如此，中外野手站在後頭守備也能協助左、右外野手。

已故的金鶯隊知名教頭威佛（Earl Weaver）也主張站在後頭守備，他說站在前方守備，對方打出的平飛球常會穿過中外野手防線，球滾一直到圍牆邊會造成大災禍，尤其是如果對方一壘有人，跑者常能直奔本壘得分；如果中外野手站在後頭，雖然打出不遠的球會形成一壘安打，但站在一壘的跑者也只能跑到二壘。所以這教頭認為不應該為著防止對手打出一壘安打，就叫中外野手站在前方，這反而有時會造成二壘與三壘安打。

所以中外野手應該站在前方或後頭也就沒有定論，去年九月時Baseball Info Solutions網站登出一篇〈中外野站前守備是不是良方？〉（Does Playing Shallow Works?）的文章，我現在報導這文章，讀者不必同意此文結論，我的目的是要大家知道他的研究方法，這與結果同樣重要。

因為現在大聯盟比賽中，外野手守備時的動作方向都可在紀錄查到，此文的研究方法就是用中外野手在球打出後向前或向後跑的百分率，去決定每個中外野手是站前或站後守備。此文用去年三十五位比賽最多場的中外野手做研究，選出十位在球打出後跑到後面最多次的中外野手作為站前方守備的代表，然後將他們守備結果中全部救下的壘數，與其他所有中外野手（包括三十五名中的其

他二十五名）比較，認為這就能看出站在前方守備是不是良方？

例如：國民隊中外野手史邦（Denard Span）在一共五百零三次球被打出朝他飛去後，他向後跑兩百一十二次，那是最高的42%，顯示他常站在最前方或站前最多次。最低的是雙城隊中外野手希克斯（Aaron Hicks）的31%，表示他常站在最後頭或站後最多次。

站在前方前十名的中外野手（向後跑次數從38%到42%）在去年打出三百呎以內的球中，一共救下十三次（接到球），其他所有中外野手一共有九次不能救下（不能接到），所以差別就是二十二個上壘數。可是在打出三百五十呎遠以上長球的情況時，站在前方的中外野手一共有六十七次不能救下，反觀其他所有中外野手一共能救下一百零四次，差別就是一百七十一個上壘數！

這研究說站在前方守備救下的二十二個上壘數與站在後頭救下的一百七十一上壘數的比較，顯示站在後頭是比站在前方是更好的守備方法，還說這是等於八十四失分的差別。這樣的結果一定不會使想要站在前方守備的中外野手同意，所以這問題可說還是沒有答案，但至少現在已有一個方法去研究這問題。

30 投手勝敗看運氣，比賽評分較客觀

二〇一二／十二／二十二

　　大家知道品評投手表現要參考防禦率，不能只看勝敗紀錄。投手勝敗與球隊是否能夠為他攻分有關連，所以勝敗場數不是品評投手的重要紀錄。例如：今年洋基隊兩位投手黑田博樹與休斯（Phil Hughes），如果只從勝敗成績比較，可說相差不大，黑田是十六勝十一敗，休斯是十六勝十三敗，可是黑田的防禦是3.32，休斯是4.23，這差別就很大了。

　　休斯與黑田同樣有十六勝的主因是洋基隊為休斯攻分較多，黑田與休斯各主投的三十三場與三十二場中，洋基隊為黑田只攻出零到兩分的比賽有十場，休斯有八場；洋基隊為黑田攻出三到五分的比賽有十二場，休斯有十場。所以在這兩情況可說相差無幾；可是洋基隊為黑田攻出至少六分時的比賽有十一場，休斯有十四場，這就有差別，在這有最多攻分與最有可能贏的情況時，有三場差別影響重大，這是休斯能有十六勝的主因。休斯今年的運氣極佳才不會常輸，人們要知道他今年被打出的三十五支全壘打是全大聯盟第二多。

黑田與休斯的情況可說還不是很極端的，如果兩投手不在同隊，他們的命運差別更大。例如：今年紅襪隊投手巴克霍茲（Clay Buchholz）的防禦率極差，高達4.56，但因為他是在能攻分的紅襪隊，他還是有十一勝八敗成績，反觀一位馬林魚投手強森（Josh Johnson），他有不壞的3.81防禦率，但因為是在攻擊差的馬林魚隊，他的成績只有八勝十四敗。

　　我會選這兩投手來比較是因為他們今年各有一項特殊紀錄值得提起，巴克霍茲有大聯盟最多五場「低質勝場」（cheap wins），強森有最多7場「優質敗場」（tough losses），這都是那棒球統計大師詹姆斯（Bill James）創造的名詞。他會決定這兩種勝敗情況，又是根據他創造的一項紀錄「比賽評分」（game score），這紀錄我在〈品評投手貢獻，優質先發該被取代？〉一文中曾提起，現在讓我再一次介紹給台灣球迷。

　　「比賽評分」是實際算出一位投手在一場比賽的每一種表現紀錄，不是像防禦率只記錄他在每局失幾分。這紀錄以五十分做起點，如果投手使一位打者出局加一分，所以完成一局就加三分。在第四局後，完成每一局多加兩分，所以完成第五、六、七、八、九局時每局加五分。每三振一位打者也加一分，如果每次被打出一支安打減兩分、失掉一分就減兩分、失了一分責任失分減四分、保送一位打者減一分。

　　所以在一場比賽可能得到的最高分數是一一四分，因為投手在一場九局比賽面對二十七位打者時，從五十分做起點，如果投手能

夠三振每位打者，就能加上二十七分，從第一到第第四局，投手完成四局就能加十二分，從第五到第九局，完成這五局就能加二十五分，這樣一共是六十四分，加上那開始的五十分，就是一一四分。假設投手投球的最卓越情況，就是沒有被打出任何安打、沒有失分、沒有保送打者，所以也就沒被減分。

以詹姆斯的看法，投手要至少有六十五分才能算為投出一場好的比賽，如果用現在一般常用的「優質先發」（quality start）評品方法，投手要至少投六局、最多不失超過三分（責任失分）才被認為有這表現。詹姆斯說的「低質勝場」是「比賽評分」低於五十分的勝場，「優質敗場」是「比賽評分」高於五十分的敗場，所以那位紅襪隊投手巴克霍茲今年有最多五場不應該贏的勝場，他的成績就應該是六勝十三敗，那馬林魚投手強森不應該有七場輸的敗場，他的成績應該是十五勝七敗。如果勝敗成績能夠這樣算的話，是不是比較公平？可是在這世間有多少事是公平的？投手的成就也就常常要聽天由命。

31 用OPS品評投手比防禦率更客觀

二〇一三／十二／三十一

　　大家現在知道上壘率加長打率（on base plus slugging percentage，OPS）是最能表現出球員與球隊的攻擊能力。例如：在二〇〇八年時就有人曾經將大聯盟所有球隊從二〇〇五年到二〇〇七年每隊的得分與所有攻擊紀錄相比，要找出最有關連性的紀錄。結果在打擊率、上壘率、長打率與上壘加長打率（OPS）四項紀錄中，OPS與得分是最有關連。這相關係數是稱為Pearson's Correlation Coefficient（一位名叫Karl Pearson的人創造），如果數值是零就是沒有關連，愈是接近一愈有關連。OPS的這數據是0.9231、長打率是0.8421、上壘率是0.8340、打擊率是0.7244，所以打擊率與得分是關連性最低。我們現在是能預料打擊率不是那麼重要，但我想在二、三十年前，沒有很多人會想到上壘率是會比打擊率更重要，所以現在將上壘率與長打率加起來的OPS當然也就變成了最重要的攻擊紀錄。

　　OPS的重要也就會使人想到用這紀錄去品評投手表現，這是稱為對手OPS（Opponent OPS）。這紀錄是比投手防禦率更實際，

所以也有可能是更正確。最近有人就去查看今年美聯與國聯的投手塞揚獎得主的對手OPS，好的投手應會有較低的對手OPS，果然今年國聯得主克蕭（Clayton Kershaw，道奇隊）有國聯第二低的對手OPS 0.521，最低是勇士隊投手金布瑞（Craig Kimbrel）的0.487，但金布瑞是救援投手，所以不能用這紀錄與克蕭相比，救援投手的防禦率一般也是比先發投手好。國聯塞揚獎的第三名是赫南德茲（馬林魚隊）、第六名是哈維（大都會隊），他們的對手OPS各為0.522與0.530，都是比道奇隊的克蕭高。

在美聯這對手OPS紀錄更能顯示出投手表現，有最低0.583投手OPS的老虎隊投手薛則（Max Scherzer）就得了美聯塞揚獎，第二與第三低的遊騎兵隊達比修與老虎隊的桑契斯（Anibal Sanchez）就各被選為第二與第四名，他們的對手OPS各為0.611與0.616。所以毫無疑問的，將來人們品評投手好壞，對手OPS也將會成為一個重要的紀錄。

所以什麼樣的打者會使投手有較高或較低的對手OPS？是那種球棒常會觸球或比較少觸球的打者？有人在二〇〇六年就去調查觸球率（contact rate）與各種打擊紀錄（打擊率、上壘率、長打率與上壘加長打率）的關連。觸球率的算法是打數減掉三振數後除以打席數，這調查結果是如果觸球率增高，打擊率也會增高些。但觸球率與上壘率的關連是比與打擊率更大，如果觸球率減低，上壘率會增高。觸球率與長打率的關連又比與打擊率或上壘率更大，觸球率降低，長打率增高。所以與觸球率關連最大的也就是OPS（上壘加

長打率），觸球率愈低，OPS愈高。

　　這調查就去找那時候生涯觸球率有很高84.3%到86.8%的十位打者，他們的OPS只有0.633到0.761。例如：不常會被三振的皮亞（Juan Pierre），他的觸球率有最高的86.8%，但他的OPS只有0.730。可是觸球率只有很低55.3%到62.8%的十位打者中，他們的OPS是從0.747到0.970！打出最高0.970是托米（Jim Thome），他的觸球率只有57.1%，大家要知道被三振多雖然會使觸球率降低，但被保送數（上壘率）與長打率有時也會增多，而OPS也會增高了。

　　所以如果知道這些數據後，打者如果想變成能夠攻分的強打應該會知道怎麼打擊，同樣的，如果投手要想變成失分少的強投也應該知道怎麼樣防備他們。

32 防禦率不客觀該如何被取代？

二〇一三／十一／十八

　　最近讀到一位名叫哥羅斯尼克（Bryan Grosnick）棒球作家寫的一篇紀錄統計文章〈防禦率的終結〉（The End of ERA），我覺得此文很有意義與啟發性，所以現在介紹給球迷讀者。

　　我們知道品評投手球技最重要的紀錄是投手自責分率（earned run average，ERA），一般稱為防禦率。這紀錄計算投手在九局的平均失分。例如：主投六局中失了三分責任失分，可換算出在九局是失了4.5分，自責分率（防禦率）就是4.50。大家也知道投手表現好壞與球隊守備好壞有關連，所以失分必需是投手表現失去的分數，稱為責任失分（earned run），而不是一般失分（run）。一般失分除了責任失分外，還包括球隊因為守備表現差而失去的分數，這樣的失分不能用以計算投手的防禦率，這也就是防禦率最大的缺點，因為計算投手防禦率時可說只有守備失誤時導致的失分才會不算，但大家知道壞的守備豈止是只有守備失誤？

　　壞的守備除了失誤外，還有其他很多種：例如：防守者去踩壘時跑得慢，沒能使跑者出局、守備時跑位不對或者對打出的球反

應不夠快而不能接到球，所以使投手失分絕對不是只有守備失誤而已。大家也知道就是守備失誤，裁判也常會有判錯，所以決定不作為計算防禦率的守備失分怎麼會正確？防禦率怎麼會是公平與正確的投手表現紀錄？這也就是這位棒球作家哥羅斯尼克建議用一個新投手紀錄的理由。

哥羅斯尼克認為現在用的防禦率方法是不正確，不應該繼續用，他建議算防禦率時讓所有失分都算，不要規定守備失誤的失分不算，這樣就不會有只以守備失誤代表所有守備表現好壞的不對現象，而導致不正確與不公平的算法。哥羅斯尼克認為可用RA9紀錄（run allowed per 9 inning，平均每九局的所有失分）代替自責分率，這紀錄已記載於Baseball-Reference.com網站中，每個投手都有這紀錄，我們可稱之為投手失分率。這失分率紀錄的優點是正確與公平，一場比賽的實際情況都可以從這投手的紀錄看出，不再只以守備失誤去代表球隊守備的所有失分。

哥羅斯尼克用這RA9紀錄與防禦率（ERA）比較，RA9當然就比ERA高。今年大聯盟投手平均ERA是3.87，RA9是4.18，在本季所有至少投四十局的投手中，這兩紀錄的平均差別是0.31；在本季至少投一百二十局的所有投手中，差別最大是0.88，這是釀酒人隊一位投手培洛塔（Wily Peralta）的紀錄差別，他的RA9是5.25，ERA是4.37，他主投時失分多，但不算在他的ERA（防禦率）中，他的ERA才能還是4.37，看起來不是很差。另一位與培洛塔一樣是釀酒人隊的滾地球投手金茲勒（Brandon Kintzler）就沒有這情

況，他的兩紀錄差別只有0.35，RA9是3.04，ERA是2.69，主投時釀酒人隊的守備不會失很多分。

從以上例子人們可看出這兩位投手都在同一球隊而有相似守備，但他們ERA與RA9的差別是很大，一位是0.88，另一位是0.35，這都是因為算ERA時決定責任失分會不一樣，這也就導致不正確與不公平。如果培洛塔沒有好運，他這兩紀錄差別與金茲勒一樣只是0.35，他的責任失分沒被守備失誤承當，他的ERA不會只有4.37，可能會近5.00。

哥羅斯尼克說這ERA不正確的情況是太多了，幾乎每個投手都會受影響。例如：在釀酒人隊今年一共十二位投手中，他們每個人這兩項紀錄差別就是從0到0.88，一共有十二個不同差別數字，這都是因為ERA的計算不正確的緣故，常是只有失誤才不算。但事實上還有其他需要算的守備失分，所以同一守備陣容，每個投手也就會有不同責任失分結果。

哥羅斯尼克也說今年大聯盟只有兩位先發投手他們球隊的守備沒有使他們失一分，這兩位幸運投手就是陳偉殷與海盜隊投手李瑞安諾（Francisco Liriano），大家知道陳偉殷的金鶯隊守備優越。所以他的ERA與RA9都是同樣的4.07，他最好希望能夠長期留在金鶯隊。

雖然ERA是不正確，RA9是較正確，而且也更容易計算（不必去決定是不是責任失分），但ERA是比較能夠保護投手有好紀錄，所以我想將來ERA還是不會被RA9取代。可是這位哥羅斯尼克寫出

此文會使人大夢初醒，體會到球隊守備好壞影響投手表現不應該只看守備失誤，其他守備情況也應該考慮，RA9紀錄就是一個妙方。他就舉一個例子說現在算ERA時如果沒有失誤，決定投手的責任失分就要看防守者守備能力優劣去決定，有差勁的防守者時責任失分會多，有好的守者就會少，如果用RA9就不會有這不公平的現象與缺點存在。

　　美國棒球紀錄統計研究自從一九九九年馬克柯拉肯（Voros McCracken）開始研究不受球隊守備影響的投手表現紀錄後（所謂defensive independent pitching statistic，簡稱DIPS），就有一些人想出品評投手真正技能的不同方法，他們注重不會受球隊守備影響的三個情況數據（三振數、保送數與被打出全壘打數等），用這三數據去創造出幾個不受球隊守備影響的投手紀錄方法。例如：FIP方法（fielding independent pitching，這方法主要原則是將全壘打數與保送數加在一起，然後用三振數去減），哥羅斯尼克可說是第一位研究者從球隊守備好壞觀點去品評投手表現，這也就會令人感到耳目一新，認為值得重視。

33

品評投手貢獻，
優質先發該被取代？

二○一二／一／九

　　大家知道美國職棒常用是否為「優質先發」（quality start），來評斷投手對一場比賽的貢獻。投手要能有一場「優質先發」，必需至少投六局，最多不失三分（責任失分）。這是一九八五年時費城一位報紙的棒球作家洛依（John Lowe）所創造，這簡單方法已被用了二十多年，大多數人都可以接受，認為有這樣表現的投手對勝利有貢獻，球隊常能在三場比賽中贏兩場。

　　可是像其他日新月異的事物，現在人們對任何事都會要求更多，近年來就有人對「優質先發」紀錄開始批評。就是那棒球統計大師詹姆斯（Bill James），他提出「比賽評分」（game score）方法來品評投手的貢獻，建議以六十五「比賽評分」為「寶石先發」（gem），認為這比「優質先發」更準確。「寶石」是美國一般球評形容一場珍貴、優越投手表現常用的字語。

　　大家可以想像要能更準確地品評投手的貢獻，勢必要花更多時間去精細地計算，所以我在此文就是要報導「優質先發」的缺點與「寶石」新法的優點，大家可以去想這「寶石」新法的優點，是不

是值得用這更複雜的方法去獲得？我也希望從我這報導，大家可看到美國對棒球的研究方法。

現在批評「優質先發」的人認為這樣的表現是太平凡了。例如：在六局中失三分就是等於在九局中失四點五分，那是4.50防禦率，這有什麼「優質」？那棒球統計機構「棒球資料解答」（baseball info solutions）就計算出過去十年中，所有投手總計投出2,118場這樣的比賽（剛好六局失三分），他們球隊也只有0.475勝率（贏1,007場），低於五成，所以這真的是不怎麼好。

可是「優質先發」的定義是至少投六局，投出第七、八、九局與九局以上的比賽也包括在內，而且失分也包括零到兩分，六局失三分是所有情況中最差的表現，4.50防禦率也就最差，所以如果將所有這些情況的比賽都加起來，在過去十年就一共有22,438場（那六局失三分的比賽只是其中的2,118場），全部「優質先發」的平均防禦率當然會比4.50低，有人就去查出一九八四年到一九九一年的所有「優質先發」比賽，算出它的平均防禦率就是1.91。

不但如此，過去十年那一共22,438場「優質先發」比賽的球隊就有0.679平均勝率（贏15,235場），三場比賽中會贏兩場，這比率是很高，去年贏最多一〇二場的費城人勝率也只是0.630。可是批評「優質先發」的人還是不滿足，查出詹姆斯的「寶石先發」比賽在過去十年中有9,213場，而這9,213場的平均勝率就有0.815勝率（贏7,509場），認為這比「優質先發」的0.679好多了，而且這也沒有「優質先發」那六局失三分情況的缺點，這樣的看法會令人驚

奇，因為要算出「寶石先發」的方法是比較複雜。

詹姆斯的「寶石先發」決定投手必需至少得六十五「比賽評分」，或至少投六局中零失分才能得「寶石」。「比賽評分」的算法是以五十分做起點，然後依照情況加分或減分。

在三種狀況下能加分：

一、使每一打者出局加一分。

二、自第四局後，多投一局就加兩分。

三、每三振一次打者加一分。

在四種狀況要減分：

一、每次被打出安打減兩分。

二、每次失一責任失分減四分。

三、每次失一非責任失減兩分。

四、每次保送打者減一分。

這算法是這麼複雜，有多少人會有時間去算或去找資料？

大家要知道詹姆斯創造「比賽評分」是要精細地品評投手表現，想知道投手在九局中有最卓越表現時會得幾分？他算出是一一四分。有這樣表現的投手必需投完九局，三振每一打者，每局也只面對三位打者，所以沒有被打出安打或保送。這計算是投手在開始時就有五十分，他使二十七位打者出局就加二十七分，從第四局後又能完成五局就加十分，再加上三振二十七位打者，就加二十七分，一共就是一一四分，棒球史上還沒有一位投手有這樣的表現。以前小熊隊投手伍德（Kerry Wood）在一九九八年投出一

場一安打、無保送、三振二十次的完封比賽，他就得了棒球史上最多一〇五「比賽評分」。

所以用這詹姆斯方法算出六十五「比賽評分」的「寶石先發」去取代「優質先發」可說是牛刀小用，不但是太複雜，而且也不需要，因為如果要使「優質先發」比賽有更高勝率，不是只要將最多失分從三分減到兩分就可達到這目的？所以「優質先發」紀錄應會常久存在，如果要精細地比較投手表現才用「比賽評分」。

不像投手勝投數或勝率，「優質先發」不受球隊守備失誤、攻擊與救援投手能力影響，但會與球場打擊難易有關，在容易攻擊的球場，投手要得「優質先發」比較不容易。棒球史上一季中有最高「優質先發」率的投手是一九八五年大都會隊投手古頓（Dwight Gooden），他在那年主投的三十五場中有三十三場是「優質先發」（94.3%）。從一九五〇年到現在，巨人隊投手林瑟坎（Tim Lincecum）則有投手生涯最高「優質先發」率（72.7%，一三九場中有一〇一場）。

34 投手投好球的優勢

二〇一四／一／二十七

大家知道能夠常投出好球的投手也常會是好投手。例如：二〇一二年投出最高51.9%好球率的投手，就是那位大名鼎鼎的克利夫李（Cliff Lee）。那年能夠投到好球帶最多的前十名投手中，就有七人的防禦率是低於4.00。第二名（49.3%）的迪奇（R. A. Dickey，隸屬於大都會隊）因為能投好球，也就使他變成了稀有的優越蝴蝶球投手，他在大都會隊三季中從來沒有一季平均每9局保送次數超過2.33次。著名教頭拉魯沙（Tony LaRussa）說能投好球的投手也常會使裁判判他們投出的球為好球。這樣打者也就必需常常打他們投出的壞球。

能投好球，保送次數就會減少，防禦率就更佳。去年紅襪隊王牌救援上原浩治在74.1局中只保送七次，他的防禦率1.09就是所有救援投手中最佳。同樣的，那位四十歲的投手柯隆（Bartolo Colon）去年在190.1局中也只保送二十九次（每九局1.4次），他的防禦率2.65也就在所有先發投手中排名第六。

有人在最近就將去年投手依照投出好球的百分率分成四級：A

級（47.6%）、B級（44.8%）、C級（43.4%）與D級（40.8%），然後比較他們的平均防禦率，結果是A級3.27、B級3.52、C級3.70、D級3.91，由此可見投好球是與防禦率息息相關。

不但是投好球多表現會更好，投出的第一球如果是好球，表現也是比投出壞球會更好。有人就算出第一球如果是壞球，打者的打擊率／上壘率／長打率會是0.261／0.296／0.411，如果是好球就會是0.280／0.385／0.459，這是有明顯差別。所以有一位名叫奧克查納斯（Brian Oakchunas）的棒球研究者就在二〇〇九年時查出二〇〇八年投出第一球好球最多的十名與最少的十名投手，然後比較這兩組投手，人們馬上就能看出這兩組投手的差別也是很大。

第一球投好球最多的一組可說只有一位投手較少人知道，其他九名都是有名投手。投出最多的是洋基隊投手穆西納（67.6%），其他像克利夫李（66.6%）與麥達克斯（66.5%）都是很有名投手。反觀第一球投好球最少的一組可說多是默默無名的投手，只有兩位是有名投手，一位是巨人隊的齊托（Barry Zito，51.5%），另一位是蝴蝶球投手迪奇（51.8%），投好球最少的是一位名叫米勒的投手（51.2%），由此可使人看出要成為好投手，最好投出的第一球好球率要高。

一般投手能夠投出第一球是好球的比率是在56.0%與63.4%之間，所以奧克查納斯就比較一組56.8%與另一組62.6%投手表現的差別，他發現他們被打出的打擊率沒什麼太大差別，但三振率、保送率與防禦率是有差別。56.8%那組的k/9（三振）、BB/9（保送）

與ERA（防禦率）各為6.30、3.44與4.51，而62.6%那組是6.62、2.46與4.13，由此可見第一球投好球多，三振打者會更多，保送會更少，防禦率也就會更佳。

　　所以如果要成為好投手，投手怎麼能不多投出好球？而且最好也要能夠在第一球就投出！

35 有趣棒球統計（一）

二〇一二／一／二十四

　　棒球迷在比賽時常會聽到球評說的一些棒球常識，以及有趣的比賽狀況與結果，美國「棒球資料解答」（Baseball Info Solutions）機構與棒球統計大師詹姆斯（Bill James）就去查出了這些知識與狀況的數字，雖然也有些是出乎意料之外，但大多數還是真實的，如下便是這些有趣的數字。

左打比右打更能打低球？

　　根據二〇〇八年五月時查出的一個多月紀錄數字，平均左打對低球的打擊率是0.269，右打是0.266，差別是不大，但左打對高球是打出0.259，這是比打低球低，但也與右打對高球打出的0.257不相上下，所以這句話應該改為左打打低球是比打高球更能打。

國聯投手比美聯投手更能打擊？

　　國聯沒有指定打擊，投手常要上場打擊，所以一般認為他們應比美聯投手更會打擊，但二〇〇六年七月半季時查出的數字並非如

此，不但兩聯盟投手的打擊率都是0.138，而且美聯投手的0.364上壘加長打率（OPS）是比國聯投手的0.359高。

比賽時哪一得分是最重要？

大家都會想得第一分是最重要，因為根據統計，首先得第一分的球隊有65%可能性會贏，比開始比賽時（0：0）的50%贏球可能性增加15%，但根據二〇〇五年八月時的統計，美聯球隊得四分時的勝率只有44%，但得五分時就有63.5%，增加19.5%，所以得第五分是最重要。

難打擊的球場是否能得多分？

這是有可能，二〇〇六年的道奇隊球場是第二最難打擊的球場，那年五月時道奇隊的打擊率與全壘打數就都是國聯第十，長打率是第十一，但道奇隊那時卻有國聯第二多的得分，這是因為道奇隊的被保送數與盜壘數都是全大聯盟最多。

犧牲觸擊的必要性？

比賽時有跑者在一壘，無人出局時，是否需要犧牲觸擊，是要看打者是否能打擊，打擊狀況好就不要觸擊，打擊不好才要（例如：投手）。這是因為球隊在有人於一壘，無人出局時能得分的可能性是40%，犧牲觸擊後，使跑者到二壘，一出局時得分的可能性也同樣是40%，沒有更大得分可能性。可是根據統計，前一情況

（跑者在一壘、無人出局）是有可能得0.9分，後一情況（跑者在二壘、一人出局）得0.7分，相差0.2分。所以如果觸擊成功五次，都造成後一情況，就會有少得一分的可能性。

王牌救援在沒有救援機會時上場是否表現較差？

三年半的紀錄證實王牌救援的確在沒有救援機會時表現較差，平均防禦率是3.26，而在有可能救援成功時是2.51。

第五號先發投手是重要嗎？

如果將二○○四年所有第一到第四號先發投手的紀錄不算，其他投手的平均成績是十四勝二十一敗，防禦率5.67！所以要當第五先發是不難，也不重要，洋基隊的柏奈特今年也就還可當第五先發。

日本強打在大聯盟打擊力消失多少？

將鈴木一朗、松井秀喜、松井稼頭央與福留孝介四大將在日本職棒的平均上壘加長打率（OPS）是1.009，在美國大聯盟是0.791，這是相差很大。0.791上壘加長打率可說長打威力不大，這可說也就是日本強打在大聯盟最大的缺點。要容易瞭解上壘加長打率數字的一個方法，是將它除以三，這樣就可看到像打擊率數字那樣的價值。例如：0.900，0.800與0.700 OPS各以三除就是等於0.300、0.267與0.233，所以日本強打從日本到大聯盟，OPS從1.009降到0.791，就類似打擊率從0.336的強打降級到0.263。

36 有趣棒球統計（二）

二〇一二／十一／十九

現在季後沒棒球可看，可以多看看棒球書，但如果看到關於棒球紀錄的書，我經常會看不懂，因為現在一些鑽牛角尖的紀錄，恐怕要有數學學位的人才能看懂。幸好最近看到兩、三篇報導是關於一些普通棒球知識，都可用簡單算法證明，所以我現在就摘要寫下來與球迷共享。

三振投手與防禦率的關連

能夠常投三振的投手雖然可制服打者，但因為也要投較多球，控球也會有問題，比較容易保送打者。有人在二〇〇七年對這方面做過調查，發現三振數與投手防禦率也有關連。大聯盟三十隊中三振打者最多的十支球隊（平均1,159次），投手平均防禦率是4.39，中等的十隊（1,071次）是4.42，最少的十隊（989次）是4.61。

打者消耗球數多越能打出安打？

一般人認為打者打較多的球，會使對方投手疲勞，也就常能打敗投手而擊出安打。可是有人調查這事後，發現並非如此，而有如下結果。

打球少（最多三球）：0.301打擊率、0.317上壘率、0.467長打率、0.784上壘加長打率（OPS）。

打球多（最少四球）：0.223打擊率、0.352上壘率、0.348長打率、0.700上壘加長打率。

只打一球：0.344打擊率、0.349上壘率、0.543長打率、0.892上壘加長打率。

至少打七球：0.230打擊率、0.406上壘率、0.372長打率、0.778上壘加長打率。

以上四個結果可用一般人知道的四個現象來解說：人們總說打擊的一個現象，就是如果打者能對投手投來的前三球中打到一球，要打出安打的可能性就會很高，這可用來解釋第一結果打擊率高的原因。另一現象是打者如果能打出多球就有可能被保送，這就是第二結果（上壘率高）。第三結果是大家也知道的又一個打擊現象，那就是會常打第一球的打者，常常能猜對投手會投什麼球，所以打出安打的可能性就大，一般投手也常會想在第一球就投好球。第四結果是好的打者的打擊現象，他們常能等到第七球，被保送的可能性也就大。

球隊得分與打者被三振的關連

二○○二年大聯盟被三振最少的十隊，平均每隊得七八一分，最多的十隊平均每隊得七二五分，在中間的十隊得七三五分。今年世界大賽冠軍隊巨人隊就是在季中被三振最少球隊。

投手牽制一壘防止跑者盜壘是否有效果？

根據一九九○年的一個調查，這是有效果，如果投手至少投一次到一壘，對方盜壘成功率是63%，如果沒投的話，成功率是72%。如果只投一次，盜壘成功率是64%，兩次是62%，三次或以上是61%。

能投高速球投手與防禦率的關連

大聯盟約有一半投手能投出九十英哩以上球速的球，但左投能投出這樣球速的不多，可是大家知道左投常常會是好投手，所以能投高速球是不是好投手的必需條件？在二○○六年時有人就曾調查在前兩年投手球速與他們防禦率的關連，結果如下：

低於九十英哩球速（一共32,998局）：4.58防禦率。

九十至九十一英哩（19,200局）：4.47防禦率。

九十二至九十三英哩（18,795局）：4.08防禦率。

九十四至九十五英哩（4,933局）：3.92防禦率。

九十五英哩以上（1,226局）：3.55防禦率。

所以大家可看出投手球速是與防禦率息息相關，好的右投手也

就比較多，這也就會產生下一個問題。

大聯盟左投與右投中各有多少強投？

二〇〇六年有人做過一個調查，要查出球速低於九十英哩的投手中，左投與右投各佔百分之幾？球速高於九十英哩的投手中，左右投又各佔百分之幾？在右投中高於與低於九十英哩的投手各佔百分之幾？在左投中這情況又如何？

在一共五百九十一位投手中，右投有四百三十位（73%），左投有一百六十一位（27%）。高於九十英哩球速的投手有三百一十七位（54%），低於九十英哩的投手有兩百七十四位（46%）；在高於九十英哩的三百一十七位投手中，右投有兩百七十位（85%），左投只有四十七位（15%）。左投是很少，左投的快速球投手在全部投手中只有8%！在低於九十英哩的兩百七十四位投手中，右投有一百六十位（58%），左投有一百一十四位是（42%），左右投是相差無幾。

如果查看四百三十位右投中，球速高於九十英哩的有兩百七十位（63%），低於九十英哩有一百六十位（37%）；一百六十一位左投中，球速超過九十英哩的有四十七位（29%），低於九十英哩有一百一十四位（71%）。這顯示左投的速球投手在左投手中的比例，也是比右投速球投手在右投手中少，所以左投在大聯盟能夠存在顯然地不是靠高的球速。

37 有趣棒球統計（三）

二〇一三／一／七

棒球統計大師詹姆斯（Bill James）最近又發表二〇一二年幾項投手與打者的統計紀錄，這些紀錄都是不常見到的，就會令人感到有興趣，也是這位大師會享名那麼久的緣故，到現在還無人可與他相比。我現在就選擇如下四項紀錄與球迷共享。

誰最常揮棒打第一球？

遊騎兵隊外野手（今年轉隊到天使隊）漢米爾頓（Josh Hamilton）有最高47%，其他比較有名的是光芒隊的外野手厄普頓（B. J. Upton，43.5%排名第四）、紅雀隊捕手莫里納（Yadier Molina，42.4%排名第五）。打第一球有好處，也有壞處。好處是可能比較容易猜測投來的球是什麼球；壞處是沒耐心的打擊，容易被投手操縱。例如：漢米爾頓去年上半季從三月到五月能打出0.368打擊率與二十一支全壘打，但從六月到七月只能打出0.202打擊率與八支全壘打，詹姆斯就認為可能是他打了太多第一球的緣故。同樣的，莫里納因為常打第一球，他現在可能就是大聯盟能攻

能守的最佳捕手，他去年就打出0.315打擊率與二十二支全壘打。厄普頓就是一位打擊不穩定的打者，去年雖然能打出二十八支全壘打，但打擊率是0.246，上壘率只有0.298，常打第一球就是會造成這種起伏太大的結果。

誰最少揮棒打第一球？

勇士隊的內野手普拉多（Martin Prado）有最少的6.9%，今年轉隊到洋基隊的三壘手尤克里斯，去年在紅襪隊與白襪隊是打擊第一球第二少（7.3%）的球員，雙城隊捕手茂爾（Joe Mauer）與天使隊外野手特魯特（Mike Trout）並列第三名（7.7%）。有耐心打擊少打第一球，好處是上壘率會提高，這不但是常會被保送，而且可能也比較容易打出安打。茂爾去年就有大聯盟最高的0.416上壘率，那位美聯MVP第二名的特魯特上壘率0.399排名大聯盟第五，勇士隊的普拉多也有0.359上壘率。只有尤克里斯打擊率不高，上壘率才只是0.336。所以比起常打第一球的打者，不打第一球的是比較保守與穩重的打法。

誰投到好球帶的球最多？

費城人克利夫李（Cliff Lee）投到好球帶的球有51.9%，是全大聯盟最高，第二名是大都會隊（今年轉隊到藍鳥隊）迪奇（R. A. Dickey）的49.3%，金鶯隊陳偉殷的46.1%是第八名。全大聯盟至少投一百六十二局的所有投手中，只有克利夫李一人投出的好球率超

過50%，他這紀錄與名聲也就幫助他很大，已退休的名教練拉魯沙就說這常使裁判判他投出的球為好球，打者也就必需常常打他投出的壞球。大都會隊的迪奇是蝴蝶球投手，所以他能投出第二多好球是很難得，他在大都會隊三季從來沒有一季於九局中保送打者超過2.33次，前紅襪隊著名蝴蝶球投手威克菲爾在紅襪隊十九季中，就只有一季每九局保送打者低於2.72次，由此可令人看出迪奇是一位多麼稀有的蝴蝶球投手，大都會隊怎麼會讓他離隊？大聯盟投到好球帶的前十名投手中，有七位的防禦率都是低於4.00，可惜陳偉殷不是在這七名內，他的防禦率是4.02。

誰使每局第一位打者有最低上壘率？

前四名投手的第一位是紅人的奎托（Johnny Cueto），他使每局第一位打者的上壘率只有0.234，第二位投手有兩位，分別是運動家隊的柯隆（Bartolo Colon）與紅人的貝利（Homer Bailey），每局第一位打者對他們都只有0.236上壘率，第三位投手又是紅人的阿洛尤（Bronson Arroyo），每局第一位打者的上壘率是0.244。紅人有三位投手知道怎樣不使打者容易上壘，是這紀錄令人驚奇的地方，滿相信其他球隊現在必然也都想要知道這紅人投手的投球秘方。至於柯隆能有這表現相當也是驚人，雖然他曾被查出使用非法藥物，但這三十九歲的老投手還能有這球技，可說也是會令人佩服。

38

上壘率＋全壘打
＝洋基隊勝利法寶

二〇一二／六／十八

　　洋基隊從八日到十三日各橫掃大都會隊與勇士隊三場，在十五日以七比二打敗國民隊後就寫下七連勝，在前二十一場比賽中贏了十七場。這可說是洋基隊近年來稀有的卓越表現，目前也就以美聯最佳的三十八勝二十五敗戰績在美聯東區排名第一，領先第二、第三的金鶯隊、光芒隊各有1.5和2.5場勝差。洋基隊在五月二十一日時只有二十一勝二十一敗戰績，與紅襪隊同樣在美聯東區殿底，那時又少了王牌終結者李維拉與佈局投手羅伯森，守備卓越與能盜壘的左外野手賈納也還未歸隊，洋基以大聯盟最老的攻擊陣容（平均三十三歲）在得點圈有人時的打擊季率也是最低（0.149），所以洋基隊到底是怎麼贏的？

　　洋基隊現在轉強的最大原因是投手表現優越。例如：在七連勝的比賽中，投手一共只失十五分，平均每場只失2.1分，那是大聯盟最少。有人也算出從五月十八日到六月十一日的一共二十二場比賽中，洋基隊平均每場也只失3.2分，那是美聯中最少（雙城隊的5.1分是最多）。洋基隊先發投手除了沙巴西亞外，其他投手在七

連勝中都表現極佳，黑田博樹主投兩場，一共只失兩分，休斯兩場失三分，派提特與諾瓦各一場也只失三分與無失分，只有沙胖失四分。洋基隊的王牌變成了現在最差的投手，可是沙胖竟然與其他投手一樣也得了勝場，因為洋基隊為他攻出六分，以六比四打敗勇士隊，洋基隊打者救了他，在那場比賽第八局打出兩支全壘打。

分析洋基隊現在能得勝的另一個原因，就是能夠打出最多的全壘打，而且同時又能夠攻下較多的分數。洋基隊在十三日的打擊率0.263於美聯是排名第四，並不是最高，打者被保送次數214次是排名第三，也不是最多，可是因為洋基隊的打擊率與被保送次數都不差，就能有排名第二的0.336上壘率（第一名是遊騎兵隊的0.343）。打擊率比洋基隊更高的紅襪隊與老虎隊，因為被保送次數比洋基隊少，他們的上壘率就比洋基隊低；同樣的，被保送次數比洋基隊更多的光芒隊與印地安人，因為打擊率比洋基隊低，他們的上壘率也就比洋基隊低。能夠有第二高的上壘率是很重要，因為洋基隊能打出最多的九十七支全壘打，打出全壘打時也就可能附帶更多打點，這常會決定勝敗，洋基隊打者救了沙胖的那場比賽就是A-Rod打出滿貫全壘打，史威夏打出兩分砲。

洋基隊如果不能靠這全壘打數與上壘率的配合，就不能攻出重要的打點，因為洋基隊在得點圈有人時的打擊率低，在十三日時已得的二九三分於美聯就只排名第五。A-Rod能打出那支滿貫全壘打，就是因為基特與葛蘭德森先各打出一壘安打，塔薛爾拉被保送而攻佔滿壘，才有機會留給A-Rod。所以洋基隊靠全壘打攻出的分

數是很寶貴，大家知道洋基隊有十二場沒有打出全壘打的比賽是全敗。還有兩個數字可說最能顯示出洋基隊現在的全壘打攻擊現象，在A-Rod打出那支滿貫全壘打後，洋基隊打者在滿壘時的打擊率還是全大聯盟最低的0.162，可是洋基隊一共打出的五支滿貫全壘打卻是美聯最多，這顯示洋基隊高的上壘率造成了有最多打出滿貫全壘打的機會。

　　所以擁有美聯第二的上壘率與大聯盟最多的全壘打數，正是洋基隊的兩大攻擊武器，A-Rod那支滿貫全壘打使洋基隊就能夠在落後勇士隊四分情況下馬上趕上，後來逆轉勝。洋基隊現在有六位打出十支以上全壘打的打者，這是大聯盟三十隊中最多，而且因為上壘率高，洋基隊也有最多六位打出三十分以上打點的打者，這都是洋基隊能獲得勝利的關鍵。

　　洋基隊靠全壘打多攻分數的能力，可說也就補救了得點圈有人時不能常打出安打的弱點，所以當記者指問洋基隊教頭吉拉迪這弱點時，這教頭就不耐煩地回答，他說大家要知道全壘打也是安打，而且是效果最大的安打。吉拉迪這句話是很有道理，也有事實證明，洋基隊從八日到十日能夠橫掃大都會隊三場，就是因為一共打出五支全壘打，被打敗的大都會隊是兩出局得點圈有人時，打擊率最高的球隊，可是就是敵不過洋基隊的全壘打巨砲威力。

39 被三振太多，現代強打大缺點

二〇一二／十一／五

洋基隊迷近三年來最氣憤的事情，是在季後賽時看到洋基隊那些千萬富豪強打碰到強投不但打不出全壘打，而且也常被三振，這不能幫助壘上的隊友推進，攻擊常會因此中斷，這也就是洋基隊不能進入世界大賽的主因。

今年洋基隊與老虎隊的四場美聯冠軍賽全敗，四場中就一共被老虎隊投手三振三十六次，老虎隊打者被洋基隊投手三振三十次。比較今年美聯進入首輪季後賽的四隊（洋基隊、老虎隊、運動家隊與金鶯隊），老虎隊打者在整季被三振1,103次是最少，洋基隊是1,176次，金鶯隊是1,315次，運動家隊的1,387次是最多，所以老虎隊能代表美聯進入世界大賽不是沒有理由的。

同樣的，如果比較國聯能進入首輪季後賽的四支球隊（巨人隊、紅雀隊、紅人與國民隊），能夠進入世界大賽的巨人隊打者在整季被三振1,097次也是最少（也比老虎隊更少），紅雀隊是1,192次，紅人是1,266次，國民隊的1,325次是最多。更會令人驚奇的是老虎隊在整季打出的一六三支全壘打也是四隊中最少，巨人隊打出

的一〇三支不但是那國聯四隊中最少，而且也是全大聯盟中最少。大家知道巨人隊在世界大賽中打敗老虎隊得了冠軍，所以比較全壘打數與被三振數，誰才是更重要？

人們總說在季後賽有強投時，能夠不靠全壘打攻擊的球隊才會贏，老虎隊在世界大賽就嚐到了洋基隊的苦處。老虎隊那兩強打卡布雷拉（Miguel Caabrera）與費爾德（Prince Fielder）在四場與巨人隊的比賽一共只打出一支全壘打，那是卡布雷拉打出的，但那也是他只打出三支安打中的一支，打擊率僅有0.231。費爾德只打出一支安打，他的打擊率是0.071！不但如此，卡布雷拉在四場一共十三次打數中被三振五次（38.5%），費爾德在一共十四次打數中被三振四次（28.6%），有這樣差的第三棒與第四棒，老虎隊怎麼會贏？

從二〇〇九年到今年，至少有一千五百次打席的所有打者中，有人依照上壘加長打率紀錄（OPS）將強打排列，有最高1.003紀錄是紅人的沃托（Joey Votto），其次就是有0.992的卡布瑞拉、0.973的天使隊普荷斯（Albert Pujols）、0.946的藍鳥隊包提斯塔（Jose Bautista）、0.948的老虎隊費爾德。這五位強打中只有普荷斯的被三振百分率是低於10%，他是9.9%，其他四人從沃托開始到費爾德各為18.8%、14.3%、17.5%與17.5%，這比起過去的強打像紅襪隊的威廉斯（Ted Williams）與洋基隊的狄馬喬（Joe DiMaggio）真是有天壤之別。在一九四一年時威廉斯與狄馬喬的被三振率各為4.5%與2.1%！難怪這兩人能為紅襪隊與洋基隊贏冠軍，現代這五位

強打可說也就只有普荷斯還能做到。

　有人算出七年來，大聯盟打者的被三振率年年增加，從二〇〇五年到今年一共已增加19%。例如：去年平均每隊在每九局中被三振7.1次，今年就已增到7.6次。現在球隊的救援投手可說不少就已變成三振高手，今年平均每九局三振打者8.4次，幾乎可說是每局能三振一次。相信這趨勢會繼續下去，因為只有能打出全壘打才能賺大錢。而要打出全壘打，現在的打者只能靠大力揮棒才能打出，不考慮到是否能接觸到球或是被三振，如果考慮太多就不容易打出。從二〇〇九年到現在，大聯盟被三振率最低的是今年在費城人的皮爾（Juan Pierre），他只被三振6.1%，但他的長打率也只有0.341。

　所以在有強投的季後賽中，不會打出全壘打但也不常會被三振的攻擊小將，常常就會有出頭天的機會。在世界大賽最後一場，巨人隊那今年只打出七支全壘打、但整季只被三振7.2%的二壘手兼三壘手史古塔羅（Marco Scutaro）就變成了英雄，他在第十局打出一支一壘安打，攻下了巨人隊打敗老虎隊與贏得冠軍的那一分，所以這也就是棒球的又一個美妙處！

40 打者被三振越來越兇，大聯盟打擊壞現象

二○一三／五／十九

　　在二○一三年球季之前的七年，打者三振數年年增加，去年就增加到破紀錄的36,426次，大聯盟三十隊第一次出現每隊打者至少都被三振一千次！大家就預測今年三振數將超過三萬七千次。去年平均每場7.46次三振是棒球史上最多，今年在十六日時是7.63次。從二○○八年到二○一二年，打者被三振率從17.5%增到19.8%。白襪隊強打唐恩（Adam Dunn）去年就被三振二二二次，只比二○○九年在響尾蛇時的雷諾斯（Mark Reynolds）創造的最多二二三次紀錄少一次，可是唐恩與雷諾斯都不覺得羞恥，因為他們也各打出四十一與四十四支全壘打。所以棒球時代是變了，二、三十年前如果被三振一百次就是很丟臉的事。

　　可是人們也不能過份批評強打，因為全壘打數會使他們賺大錢。去年在遊騎兵隊被三振一六二次、但打出四十三支全壘打的漢米爾頓（Josh Hamilton），今年就從天使隊得了五年一億兩千五百萬美元合約。去年在光芒隊也被三振一六九次、但打出二十八支全壘打的厄普頓（B. J. Upton），今年也被勇士隊以五年

七千五百二十五萬美元簽下了。所以二、三十年前打者在兩好球時常常必需遵守教練命令，不能大揮棒，要能打到球，幫助壘包上隊友推進下一壘，不可被三振，現代強打會這樣做？

　　現代強打寧願被三振，最常說的理由是這比打出雙殺球好。前大都會隊與洋基隊強打史卓貝瑞（Darryl Strawberry）就曾說以四次或五次三振去換到一支全壘打是不貴的代價。光芒隊強打隆戈利亞（Evan Longoria）也說如果在兩好球時不揮大棒，只想打出滾地球，至少有95%會出局，所以為著球隊攻擊，他寧願三次都揮大棒。問題是大聯盟打者在二好球時要打出全壘打是非常困難，投手在這情況下常常知道怎麼樣解決他們，去年就有棒球史上最多十四個打者至少被三振一百次，但還是不能打出十支全壘打，在前五年打者於兩好球時平均有42%被三振，只有1.73%打者能打出全壘打。不但如此，六年來打者在兩好球時的打擊率也年年降低。二〇〇六年時是0.194，二〇一二年是0.178；長打率也是一樣，二〇〇六年時是0.300，二〇一二年是0.273。

　　所以只有少數強打被三振多，但也還能打出全壘打，他們自己會賺大錢，但球隊不一定能靠他們贏球。三振數多的球隊常常攻擊會中斷，得分不多。例如：在十七日時美聯三振最多的三隊是太空人隊（四一〇次）、紅襪隊（三四三次）與水手（三三六次），水手與太空人隊的得分在美聯就各排名倒數第二與第三。反觀三振最少的三隊皇家隊（二四九次）、遊騎兵隊（二五六次）與金鶯隊（二五八次），金鶯隊與遊騎兵隊的得分就各排名第四與第五，遊

騎兵隊還有最多全壘打（五十五支）。打者如果不被三振，不但隊友有機會進下一壘，而且打出的球因為打者跑得快或對方守備失誤，打者也有可能上壘，但如果是被三振，這都是不可能發生。

現在金錢第一的大聯盟球員人人都想打出全壘打，有人說導致這現象的人物，是一九九八年時的紅雀隊強打麥奎爾（Mark McGwire）與小熊隊的索沙（Sammy Sosa），這兩個使用非法藥物的球星各打出七十支與六十六支全壘打，球迷當時都驚嘆他們的表現，卻沒有注意到他們也各被三振一五五次與一七一次。現代大多數球隊也希望要他們打者能多打出全壘打，所以容許他們被三振，沒有考慮到打者現在要打出全壘打是比以前更困難。

現在投手不但比以往更能投強球（尤其是救援投手），而且投法種類也更多，像雙城隊捕手強打茂爾（Joe Mauer）就說他在大聯盟頭一、兩年時，如果對方投手是伸卡球投手（sinker），他們就只投伸卡球，現在是不同了，他們會混合伸卡、卡特（cutter）與四縫線快速球三種快速球，難怪茂爾今年的被三振率就是19.5%，他生涯平均三振率只是10%左右。

現代打者在一場比賽賽中也會面對更多不同投手，有人就說以前紅雀隊著名強打梅瑟（Stan Musial）在一九四八年得了MVP獎時，在那年只一共面對五十二位投手，去年老虎隊的美聯MVP強打卡布瑞拉（Miguel Cabrera）就要面對兩百二十五位投手，更多投手不但投法是更多種，而且他們也都是有更多休息時間的投手，也就更能投強球。

所以打者現在會被三振的可能性是更大，有趣的是現代打者還增加了一個自己造成的不揮大棒被三振方法，那就是為了使上壘率增高而想要等保送，上壘加長打率（OPS）紀錄變好，這樣也能賺更多錢，現在大多數打者也就比較有耐心打擊，不常在投手投的第一、二球時就揮棒。可是這也就常使他們會有兩好球情況，不但不會被保送，反而更常被三振！去年的被保送率8%就是自從一九六八年後最低的，所以去年可說是近代大聯盟攻擊表現成績很差的一季。

41

三振或保送，
強打如何面對關鍵時刻？
二〇一二／十二／十七

　　棒球統計大師詹姆斯（Bill James）最近發表了二〇一二年各種球員表現統計，我對其中一項感到有興趣：那就是本季打擊時消耗投手投球數最多的十位打者。大家知道，打擊時消耗投手球數越多，就越有可能會被保送或三振。以前就有一個統計曾顯示球隊的打者如果能消耗球數多，得分也就多，這是因為這樣被保送的可能性增大，球員上壘率就增高。例如：打者最多只能消耗三球，平均上壘率是0.317，至少能消耗四球，上壘率就是0.352，七球就會有0.406上壘率。

　　打者消耗球數多與上壘率高，球隊自然就有可能得更多分，有人就統計二〇〇五年大聯盟消耗球數最多的十隊，在那年平均每隊得七七六分（紅襪隊打者在那年就平均每打席消耗最多3.86球），那年消耗球數最少的十隊平均得七一九分（巨人隊消耗最少3.56球）。從一九六九年到二〇〇四年年的一共一百八十四支進入季後賽的球隊中，就只有兩隊是各聯盟上壘率最低的；從一九〇一年到二〇〇五年，沒有一支上壘率最低的球隊曾贏了世界大賽冠軍。

可是如果消耗球數多，同樣也會接近被三振的邊緣，尤其是如果對方球隊有很會投三振的強投。投手投球數越多，三振打者的可能性越大，打者如果被三振多，球隊得分就少，被三振少則得分就多。有人就算出二〇〇二年大聯盟被三振最少的十隊，在那年平均每隊得七八一分，被三振最多的十隊平均得七二五分。像今年世界大賽的兩強隊巨人隊與老虎隊，就是兩聯盟打者被三振最少的球隊，所以打擊時能夠消耗投手球數多的強打，要怎麼樣打才能夠從會上壘的英雄避免成會被三振的狗熊？

今年消耗球數最多的十名打者（至少有五〇二次打席的）中，比較有名的是第二多的白襪隊指定打擊唐恩（Adam Dunn），他平均每打席消耗4.43球；去年在白襪隊，今年將加入洋基隊的光頭大將尤克里斯（Kevin Youkilis）排名第三，他消耗4.36球；雙城隊捕手茂爾（Joe Mauer）是第四，他消耗4.32球；第六是洋基隊的葛蘭德森，他消耗4.27球；第八是洋基隊的史威夏，他消耗4.26球；第九是今年國聯MVP、巨人隊捕手波西（Buster Posey），他也是消耗4.26球。這六人都能至少消耗4.26球，打擊表現很好，這也是一種重要球技，難怪洋基隊還簽下那尤克里斯。但這六人中也有很大的差別存在，因為有的被三振太多或是不常打出安打。

如果從上壘率觀點，那MVP波西是表現最佳，在六人中他有最高0.408上壘率，因為他有最高0.336打擊率；洋基隊的葛蘭德森是最差，他的上壘率是0.319，因為不但他只有0.232打擊率，同時也被三振一九五次，只有白襪隊那被三振最多二二二次的唐恩比他

更差，這些數字可能也就是波西的巨人隊能贏了世界大賽冠軍，而白襪隊不能進入季後賽、洋基隊在美聯盟冠軍賽會敗北的一個主因，唐恩與葛蘭德森在今年各打出的四十一與四十三支全壘打，也就還不能使球隊贏得冠軍。

所以人們可看出能上壘與會避免三振是影響球隊勝敗的兩個重要因素，像唐恩這樣極端的球員，不但被三振最多二二二次，被保送105次也是最多！這就像天堂與地獄是緊緊相連，但他就是不能常常做出正確的選擇，可見要辨別好壞球或看出是那種球，是多麼困難的一件事！所以人們總說要能上壘的第一個要素，是要能辨別投來的球（pitch recognition），這要有經驗，難怪這十名能消耗球數多的打者中有四名就是捕手，除了雙城隊的茂爾與巨人隊的波西外，還有道奇隊的艾利斯（A. J. Ellis）與印地安人的桑塔納（Carlos Santana）。捕手在整場比賽就是看球投來，當然是也比較能看出對手投來的球是什麼球。艾利斯消耗的4.44球數就是最高，他也有0.373上壘率，桑塔納的4.27消耗球數是第五高。

除了能辨別好壞球與知道是那種球外，打者要想上壘，就要依照一般的打擊習慣，那就是不打第一球，在兩壞球沒好球或三壞球一好球有可能被保送時也不打，如果看到投手投球狀況非常棒，也要盡力打出界外球。但打者也不能一直守著這常規，要知道如果能打到第一球，大聯盟打者能打出0.339打擊率與0.558長打率，所以在時機對時也要打第一球。像是在二出局、有隊友在得點圈時，打擊就不能太保守。

知道這幾個基本要點後，下一步打到緊要關頭時也就是最難的地方。以前的全壘打王與現在紅雀隊打擊教練麥奎爾（Mark McGwire）建議在這時候，不管處於三壞一好或零壞兩好的情況下，打者一定不要猜測對方投手將會投什麼球，打者必須相信自己的眼睛，不要假定投手會投什麼球。這麥奎爾說的話，值得大家相信，因為他的生涯上壘率是0.394，他能夠被保送不是用非法藥物。那位曾打出0.390打擊率的前皇家隊強打布瑞特（George Brett），也說在緊要關頭時，打者的頭腦就要完全是空白的（blank），所以如果這兩強打都這麼說，一般打者也就要學他們這樣做。

42 唐恩的奇特打法與棒球命運

二〇一三／三／二十五

　　白襪隊的指定打擊、一壘手兼外野手唐恩（Adam Dunn）去年被選為美聯「東山再起球星」（Comeback Player of the Year），可是他只打出0.204打擊率，怎麼可說是東山再起？單是這點就會使人對這位有「大驢子」（Big Donkey）綽號的唐恩發笑，不必再談他的其他打擊紀錄。

　　0.204是大聯盟去年倒數第二差的打擊率，可是因為唐恩在二〇一一年的打擊率只有0.159，所以對他來說這是大躍進！不但如此，他在去年還創造一個大聯盟史前所未有的紀錄，他是第一個在一季中至少被保送一百次與被三振兩百次的打者（他被保送一〇五次與被三振二二二次），三振次數是美聯史上最多，只比國聯史上的二二三少一次，他在去年有連續最多三十六場都被三振！可是他那一〇五次被保送也是去年美聯最多，他是一位極端的打者。

　　唐恩是靠什麼妙方才能東山再起？大家知道那是他的全壘打數。唐恩靠他能打全壘打，在二〇〇九年從國民隊得了兩年兩千萬美元合約，在二〇一一年從白襪隊得了四年五千六百萬美元，可

是誰會想到他在二〇一一年不但只為白襪隊打出0.159打擊率，而且也只打出十一支全壘打與四十二分打點。幸好他在去年又能打出四十一支全壘打與九十六分打點，才使他又能復活而東山再起。

所以唐恩可說是打擊時只會打全壘打、被保送與被三振。他去年一共有六四九次上場打擊（打席數）中有二二二次被三振、一〇五次被保送、三次故意保送、一次觸身球，所以他就有一共三三一次沒打到球，那是51%。大家知道常被保送也常會被三振，可是唐恩是更上一層樓，也常會打出全壘打！

唐恩生涯打出四〇六支全壘打（棒球史第五十位打出四百支），從二〇〇四年到現在打出的三三四支是所有大聯盟打者中的第二，他在這期間被保送的九三〇次是最多。可是在這九季中，他有四季是三振最多的打者，二〇〇四年的一九五次超越了強打邦茲（Barry Bonds）的一八九次紀錄，去年二二二次再創美聯新紀錄，現在生涯是一共二〇三一次。所以他在兩、三年後將不難超越前洋基隊強打傑克森（Reggie Jackson）棒球史上最多的二五九七次。

如果再分析唐恩去年的打擊紀錄，他的0.204打擊率是倒數第二，三振二二二次也是最多，所以人們就會感到奇怪，為什麼投手不投好球讓他打，他能打出多少支安打？投手為什麼要投壞球而保送他？這可說是有兩個原因：

第一個原因是，唐恩從小就被他父親訓練辨別好壞球，他對不在好球帶的球不打，所以他在去年打擊時，出現兩好三壞滿球數的

狀況就有一百五十七次，平均對方投手每次必需對他投出大聯盟最多的4.43球，雖然他在這狀況時只有0.118打擊率，但他被保送的可能性也大，因為投手在這時候有一個原因不敢對他投好球。

這原因使他的打擊率雖然低，但他生涯打出高飛球時變成全壘打的百分率總是很高，以前的22%是僅次於A-Rod，去年的36%是聯盟最高。不但如此，他打出高飛球與滾地球的比率0.74在大聯盟也是很低，他打出十次滾地球時，就會也打出七次高飛球。他打出很多高飛球，全壘打也就多了，所以投手在兩好三壞狀況下敢冒險投好球給他打？除非那投手是不知危險，也就容易被他打出全壘打。

第二個原因是，大家要知道這「大驢子」唐恩的體格形象也一定會使投手畏懼，他是六呎六吋高，二百八十五磅重，在紅人時就曾打出一支五百三十五呎遠的全壘打，飛落到球場外的河流中，變成全國新聞。他在中學與大學時就是一位能傳強球的美式足球四分衛。唐恩的全壘打能力已使他在棒球史上有一個地位，那就是他能打出全壘打的機率是棒球史上第五位，他的打數與全壘打比率是13.96，十四次打數中就能打出一支全壘打，托米（Jim Thome）是13.68，邦茲（Barry Bonds）是12.90，貝比‧魯斯是11.76，麥奎爾（Mark McGwire）的10.61是史上最佳。如果邦茲與麥奎爾因為用非法藥物而不合格，唐恩就是棒球史第三位。

所以唐恩的全壘打能力使他常被保送上壘（去年一〇五次，觸身球一次），他有一百一十支安打，這才使他去年也能有0.333上

壘率，加上他有0.468長打率（他有四十一支全壘打），他也就能有不差的0.801上壘加長打率（OPS）。

人們說將OPS除以三，就有與打擊率相似的價值，唐恩去年就有0.267。他的OPS可說就有近兩成七打擊率的價值，他的0.204打擊率也就不必顧慮了。就是靠他能被保送，唐恩生涯上壘率高達0.370，加上生涯長打率是0.499，上壘加長打率就是0.869（與0.290打擊率價值相似），這是唐恩六年來已能一共賺了七千六百萬美元財富的主因。

因為唐恩在去年季末時被三振太多，有人就認為那是白襪隊於最後十二場輸了十場、不能贏了美聯中區冠軍的一個原因。唐恩在今年春訓開始時就說他想要減少被三振次數，他不要再有太多兩好三壞的狀況，所以他今年要在一好球時就揮棒，不要等好球再打。我覺得他這樣為球隊著想的心意是很好，但我替他擔心這可能就會打破了他的金飯碗，他要知道兩好三壞可能就是他打擊賺大錢的妙方。如果他在一好球就打，但打不出安打或全壘打而出局，他被保送的機會就減少了，他要怎麼辦？

查看他在三月二十二日時已比賽的十七場春訓打擊成擊，可說是有所改進，他的打擊率是0.225，去年是0.204，他被三振是28%，比去年的41%少，被保送20%，去年是16.3%，打數與全壘打數比率是13.33與去年的13.15相似。雖然有些進步，但我還是覺得如果他要保住他的金飯碗，他只要能多被保送與打出全壘打就好了，他不必去憂慮打擊率與被三振次數，雖然這會使人批評他只會

打出全壘打，不會打點，將來也可能使白襪隊不要他，就像那培養出他的母隊紅人。

從我個人觀點，這三十三歲的唐恩如果不能在大聯盟生存，他還有另一個光亮的前途，將來也可當喜劇電影明星。我認為他與現在最紅的喜劇明星費勒（Will Ferrell）的臉型與身材可說是一模一樣，費勒演出的電影有《主播員》（Anchorman）與《競選》（The Campaign）等。唐恩如果演守備動作笨拙的棒球員一定是很妙，因為他常常就是有最多防守失誤的外野手，有一季就有左外野手最多十二次失誤。

如果他不演這樣的球員，只演棒球打者，他三振落空也一定會演得很逼真。最近好萊塢影城就有一新聞說唐恩要去當影星了，他將在影星麥康納其（Matthew McConaughey）導演的一部電影《達拉斯買者俱樂部》（Dallas Buyer's Club）中演一家酒吧的酒保，我想他可能將要演一個會說笑話的酒保。

43 現代打者為何打不出四成打擊率？

二〇一二／十二／九

　　最近在Baseball Analysts網站讀到一篇〈為什麼在二十一世紀沒有大聯盟球星打出四成打擊率〉的文章，作者名叫洛佑（Al Doyle），他分析自從紅襪隊大球星威廉斯（Ted Williams）在一九四一年打出0.406打擊率後，再也沒有大聯盟球員能打出四成的原因，可是我覺得這作家沒有真正說出威廉斯為什麼能打出四成打擊率，所以這才使我想寫出此文。

　　洛佑說近代大聯盟打者不能打出四成有四個原因。

　　一是現代球場地面的維護比以前優越，以前球場維護不佳，所以打出的滾地球常會有不規則彈跳，守備也就比較困難，那時要打出更多安打與四成打擊率也就比較有可能。現代球場地面有澆水與排水設施，所以地面維護極佳。

　　二是現代球隊的球探也是比以前精明，他們會將對方打者較常打出的地區畫得清清楚楚，不但如此，一些打擊球星對各種投手有不同的打法，球探也會查出。

　　三是以前的手套不像現在那麼大，現代手套可說像「球籃

子」，可接住各種方向打來的球，這使要打出四成打擊率變成幾乎不可能。

四是現代大聯盟比賽在六、七局開始後，就常常每局會有不同的後援投手上場，要打的好也就不易，不像以前打者在尾局時對已疲累的投手常能打出安打。

所以洛佑認為現代打者如果想打出四成打擊率，就必需要能跑得更快，也要能靠觸擊跑出安打。現代打者也必需要有長打能力，不必是全壘打，二壘安打就可以，但要能打到各處，這使外野手必需往後站，在這情況下要打出一壘安打的可能性就較大，安打數就能增多。洛祐說棒球史上曾各打出0.388、0.390與0.394打擊率的一九七七年雙城隊卡路（Rod Carew）、一九八〇年皇家隊布瑞特（George Brett）與一九九四年教士的昆恩（Tony Gwynn），不但都能跑，而且也不只是平飛球的打者。他們於打出最高打擊率的一年也打出不少長打。例如：卡路打出三十八支二壘安打，布瑞特打出三十三支，昆恩打出三十五支。

洛佑也說要想打出四成打擊率必需要常被保送，且不容易被三振，因為被三振使要打出安打的可能性變成零。像布瑞特與昆恩於一九八〇年與一九九四年就各只被三振二十二次與十九次。洛佑另外也提到想要打出四成打擊率，打者不能出賽太多，打久了一定會有打擊低潮，這就不能打出四成打擊率。在一季一百六十二場中如果上場五五〇次打席，常常就會使打者到季終時疲累，打擊率下降。

布瑞特在一九八〇年只比賽一百一十七場，昆恩比賽一百一十場，因為照規定要有五〇二次打席才能列入正式紀錄，所以要想打出四成打擊率，最好只比賽一百一十五場到一百二十八場之間。不但如此，打者的運氣也要夠好。例如：球季開始時受傷，可以使他不必比賽太多場，他的球隊在開季時也不必常到那時天氣還很冷的美國東北區比賽，這樣他開始時的打擊也不會太差。如果他到季終時還能打出四成左右，最好他的球隊剛好也到小城市與弱隊比賽，這會使他不但還能繼續打得好，而且也沒有太多媒體人士打擾他。

　　所以這些便是作者洛佑認為要打出四成打擊率的必需情況。例如：威廉斯也能打長打，在一九四一年就打出三十七支全壘打與三十三支二壘安打，他被保送一四七次，可是威廉斯在那年雖然也只比賽一百四十三場，但他的打席也多達六〇六次，他到季終時還是能打擊。作家洛佑忘了威廉斯不但有「天時」，也有「地利」優勢，因為威廉斯是一季一百六十二場有八十一場是在紅襪隊的芬威球場比賽的。芬威球場因為界外區小，有些地區幾乎可說沒有，界外線離觀眾座區只有幾呎！所以打出界外球很少會被接住，也就不會因此出局。

　　近三年來全大聯盟三十個球場中，在芬威球場被接住的界外球便是第二少（界外區也小的洛磯隊球場是最少），所以威廉斯在這球場打出的打擊率當然會比在別的球場更高。他在一九四一年於芬威球場就打出0.428打擊率，在其他別隊的球場打出0.380，如果他在芬威球打出0.420以下，他在那年就不能打出四成打擊率，如果

在芬威球場打出的界外球常會被接住，他還能打出0.420？

　　所以界外區的大小是打擊率高低的重要因素。例如：在那界外區較大的光芒隊球場，讓光芒隊三年來被接住的界外球便是最多，團隊打擊總是年年有問題。界外球被接住第二多的運動家隊球場也是從來沒有產生過一位打擊王。水手球場是界外球被接住第四多，所以這也就會令人想起鈴木一朗二〇〇三年在水手的打擊成績，他在那年雖然比賽一百六十一場，打出七〇四次打席，但他還是打出0.372最高打擊率，如果他在那年是為紅襪隊效勞，而在芬威球場比賽，他是不是也會成為一位打出四成的打擊王？

　　因此作家洛祐應該加上另一項要打出四成打擊率的必需條件，那就是球員最好去加入有界外球不容易被接住球場的球隊，像是洛磯隊、紅襪隊、天使隊、遊騎兵隊與小熊隊等隊。

44 從數據統計看
左打為何比右打吃香
二〇一四／一／五

　　從十一月到三月沒有棒球比賽可以看時，我就常讀棒球紀錄的文章，不但是對紀錄統計結果有興趣，也很想知道棒球紀錄研究者的研究方法，我認為這與知道結果是同樣重要，可以使台灣棒球界人士與球迷學習。現在就要介紹一篇關於左打者的文章，文名是〈左打者的優勢〉（The Advantage of Batting Left-handed）。這是一位名叫華許（John Walsh）的人在二〇〇七年於The Hardball Times棒球網站發表的，不但是此文結論值得探討，而且他的研究方法也很優越，難怪此文發表後到現在，我還沒有看過有其他文章對此文的結論不表同意。

　　在討論華許的這篇文章前，我要先談一下美國棒球史上有名左打與右打球星，左打常常是比有名右打更有人知。例如：有人在二〇一一年選出的二十大左打中的前五名就比二十大右打中的前五名更有聲望。這前五名左打是威廉斯（Ted Williams，紅襪隊）、貝比‧魯斯、柯布（Ty Cobb，老虎隊）、邦茲（Barry Bonds，海盜隊與巨人隊）與賈里格（Lou Gehrig，洋基隊）；前五大右

打是洪斯比（Rogers Hornsby，紅雀隊）、福斯（Jimmie Fox，紅襪隊）、華格納（Honus Wagner，海盜隊）、湯馬斯（Frank Thomas）與漢克‧阿倫（Hank Aaron，勇士隊）。五大右打中可說只有漢克‧阿倫是比較有名，左打不但打擊比右打更強，有人也說左打的揮棒是比右打更好看。

在二〇〇七年時有人就比較一九八〇年到一九九九年這二十年裡大聯盟球季中各狀況的打擊成績（包括打擊率、上壘率、長打率與上壘率加長打率），分別取樣為左打對左投、左打對右投、右打對右投與右打對左投。在打擊率方面，左打對左投是0.251、右打對右投是0.252、左打對右投是0.269、右打對左投是0.266，可以看出左打對右投為最佳。同樣的，除了最佳長打率外，最佳上壘率與最佳上壘率加長打率（OPS）也都是各為左打對右投的0.342與0.750。在最佳長打率方面，左打對右投是0.407，右打對左投的0.410是比較高些。我想這是因為要能打長球，力量是很重要，其他技能的影響也就較小了。

華許在二〇〇七年的研究就是要探討左打為什麼比右打更有打擊優勢？他說在二〇〇七年前的五十年中，一百位打擊王有五十四位是左打、三十五位是右打、其他十一位是能左右開弓。在棒球史上左打的打擊率也是比右打高0.010到0.020，直到二〇〇七年時差別才減為0.007（0.270比0.263）。所以他從三方面去研究這差別的原因，第一是去查看左打比右打要跑到一壘是否更容易的因素，左打是比右打可以少跑一、兩步。

華許去查看從二〇〇三年到二〇〇六年所有打出的內野滾地球（一共有175,157球！），去看左打與右打各能打出多少安打？唯有這種球才能看出本壘到一壘距離的不同是否能影響左右打的打擊成績，因為如果打出到外野的球，打者跑到一壘的距離多少不會影響是否構成安打。華許的調查結果是出人意料之外，左打是打出7.4%安打，右打打出7.9%，這跟預測的相反或者是沒有差別。華許認為有這結果是因為右打常會打滾地球到游擊手或三壘手處，他們要傳球到一壘較遠，所以就是右打要多跑一、兩步，也是比常打到二壘手或一壘手的左打有相同可能性打出安打。

　　另外右投是比左投多很多（73%比27%），這使左打比較不必去對付難打的左投，更有機會去打擊右投，左打的打擊成績當然也就會比右打更佳。華許查出左打有機會代打（面對右投）能打出0.275打擊率，沒有機會時（面對左投）打出0.253，差別是0.022；右打有機會代打時打出0.271，沒有機會代打時打出0.260，差別是0.011。這比左打代打的差別少0.011，所以如果左打又更有機會代打去面對右投，左打的打擊成績當然也就會更佳。

　　華許的第三發現是重要的守備位置像捕手、二壘手、三壘手與游擊手，大多需要用右手的球員，所以他們也常是右打。因為守備是很重要，所以常常球隊也需要用打擊不是優越的這四種球員，他們也比較少被人代打，結果是他們會拖下右打的平均打擊成績，左打成績也就會變成比較好。華許說捕手、二壘手、三壘手與游擊手用右手的各有73.6%、58.8%、68.1%與66.0%，他們的打擊率是從

0.259到0.273，其他種球員（一壘手與外野手）用右手只有36.3%到49.7%，他們的打擊率是從0.271到0.278。

因為右投比左投多，所以華許認為左打的最大優點是更有機會去面對更多右投，他們面對左投是比右打去面對右投少，打擊比較容易，左打也就能打得更棒了。

45 特殊棒球紀錄，換個角度品評球員

二〇一二／一／九

Baseball Info Solutions（棒球資訊解答）是一個為球隊與出版公司服務的美國棒球紀錄統計機構，記錄球員於特別情況時的表現，這可以幫助解決一些棒球問題。這家機構也與美國棒球紀錄統計大師詹姆斯（Bill James）合作，常能創造新的球員表現品評方法，也容易讓球迷瞭解，不像現在有些太深奧的新紀錄不易明瞭，所以每年這機構整季發表的球員表現紀錄，也就變成球迷想要看的棒球資料，如下便是洋基隊迷（例如：筆者）可能會想知道的一些資料。

捕手擋球數（Catcher Block）

因為洋基隊有一個狂夫投手柏奈特常會暴投（去年大聯盟最多二十五次），洋基隊迷一定想知道洋基隊捕手馬丁（Russell Martin）在這情況能擋住多少暴投，防止對方壘上球員推進。馬丁不負眾望，在去年七月底時就有美聯最多三百八十次（大聯盟排名第三）擋住暴投，紅雀隊捕手莫里納（Yadier Molina）有大

聯盟最多的四百二十次。如果將這擋住暴投數、暴投數與失接數加起來，就可算出擋球數在這總數的百分率（Catcher Block %）。在這方面，馬丁有92%、莫里納有94%、金鶯隊的威特斯（Matt Wieters）有最高的95%，威特斯正是去年捕手金手套獎得主。馬丁去年只打出0.237打擊率，但因為能打出十八支全壘打，接球卓越，而且能與投手配合，對洋基隊的貢獻也算不小。

一壘手接壞球能力（First Baseman Scoop）

這包括其他球員傳球到一壘地上或一壘附近地點時，一壘手能接到這些傳壞的球次數。大家知道洋基隊一壘手塔薛爾拉接球很棒，但比起別人，他表現如何？在去年八月底時，塔薛爾拉一共接到二十七次這些壞球，這在美聯是第二多（在大聯盟是排名第四），僅次於藍鳥隊林德（Adam Lind）的二十八次，大聯盟最多是小熊隊潘尼亞（Carlos Pena）的五十二次。紅襪隊一壘手岡薩雷茲與塔薛爾拉一樣也有二十七次，兩人到季終時也都只有四次守備失誤，最後由岡薩雷茲得了金手套獎。

觸擊安打率（Bunt Hit %）

洋基隊左外野手賈納（Brett Gardner）去年有大聯盟最高0.611觸擊安打率（十八打數十一安打），他是能用觸擊與速度打出安打的最佳打者。這可能會使洋基隊迷感到意外，因為他們印象中的賈納是不會觸擊，這原因是賈納在犧牲觸擊時真的不大高明，

要用這打法使洋基隊已上壘的跑者推進下一壘的成功百分率不是在前十名內，很顯然的觸擊與犧牲觸擊打法是不同，所以洋基隊那有名打擊教頭隆恩今年該不該教賈納打犧牲觸擊？

優越跑壘數（Baserunning Gain）

這是跑者能夠多跑出一壘成功或失敗的紀錄，品評方法就是算出跑者在相同情況比平均跑出壘數要多跑一個壘成功或失敗的累積正負總數。依照這方法，洋基隊三年來最佳的跑者是賈納，他這數字是＋48，這在美聯是第四，第一是遊騎兵隊游擊手安德魯斯（Elvis Andrus）的＋76。大聯盟最佳跑者是費城人二壘手阿特利（Chase Utley），他有＋77。

投手投球數目（Pitch Repertoire）

現在不但記錄投手在比賽中投出幾種球，而且也記錄各種球路的百分率，如果投法多，能夠變化無窮，也是打敗打者的妙方，這是洋基隊球速只有八十七英哩的投手賈西亞（Freddy Garcia）去年能贏十二場與有3.62防禦率的主因。他去年有五種投法：快速球（37%）、滑球（24%）、叉指球（21%）、曲球（10%）與變速球（8%）。老虎隊王牌先發瓦蘭德也有四種：快速球（56%）、曲球（19%）、變速球（17%）與滑球（8%），他的快速球有九十五英哩球速，所以他不但能贏了二十四場，得了塞揚獎，而且也被選為美聯MVP。

46 即時重播效益不高，主審判決影響才大

二〇一四／三／九

　　大聯盟本季要開始採用美國其他球賽已使用的即時重播（instant replay），大多數球迷認為這是大聯盟早就應該做的事。我想大家都會同意從電視看比賽時，最可笑的事是球迷常能從電視的即時重播知道裁判判錯了，但裁判自己還在五里霧中，大聯盟理事長塞利格不應該使裁判做了那麼多年球場上最無知的笨人。

　　可是即時重播並不是將用於比賽中的所有狀況。例如：打者是否有揮棒？野手傳球完成雙殺時是否真的有踏到壘包？野手俯身接球時是否球已及觸地面？最重要的，本壘裁判判的好壞球是否精確？這都是不必被即時重播改正。除了因為內野不像外野有綠草，內野手接落下的球不容易看出球是否觸地，所以不能用即時重播看出外，我想其他三種情況如果要用即時重播就要花太多時間，大聯盟也就不敢這樣做，所以差勁的裁判還是有很多機會決定比賽勝敗，尤其是判好壞球的本壘裁判。

　　根據一家為球隊服務的球探公司Inside Edge調查（用錄影帶分析球的飛行），去年九月十日前大聯盟裁判在所有好壞球的判定

中，平均有8%是判錯了。這也就是說在一場比賽中平均有8.8次誤差。大聯盟自己的調查說是沒有那麼多次，但也不敢說出是幾次，所以這是一個大問題，8.8次是所有裁判錯誤中最多的！其他裁判的錯誤平均在五場比賽中只有一次，所以今年即時重播能夠改正的裁判錯誤可說是九牛一毛。主審錯誤的裁決還是有可能變影響比賽勝敗的最大禍首，大家也都知道教頭是不能與主審爭論好壞球，否則就會被驅逐出場。

　　球迷要期望從主審得到精確且穩定的好壞球判定是不大可能，依照好球帶的高度定義，好球上端是打者肩部與他褲帶的中點，下端是打者的膝蓋骨處。但大家知道主審常常是各有不同的高度觀點，所以才會有所謂「高好球率主審」或「低好球率主審」的形容語。此外打者的身高也是差異很大，所以好球帶高度也就不一樣。

　　不但如此，主審在各種狀時況常有不同判法。例如：在有可能保送情況下，主審比較不會判壞球；在接近三振情況時，比較不會判好球。根據Inside Edge報導，去年球季在無好球三壞球情況時，投手投到好球帶外的壞球中有12%被判為好球，不是這情況時只有6.7%；在兩好球無壞球情況時，投到好球帶中的好球有26%被判為壞球，不是這情況時只有10.9%。

　　主審對有些投手與打者也會特別優待。例如：前洋基隊王牌救援李維拉去年投出的壞球中，有14.3%被判為好球，那是所有投手中最高；教士打者昆汀（Carlos Quentin）打擊時，在投手投出的所有好球中有最高21.5%被判為壞球。去年是李維拉在大聯盟最後

一年，他也是紳士好人，所以常會被優待，大家都能瞭解。但那位默默無名的昆汀也會被主審喜愛，我想所有打者應該向他學習。

大家也知道主審對控球不佳投手投出的球也會有偏見，這種投手投出的球比較難被判為好球。有人說主審也常有「劫富濟貧」的傾向，對輸球的球隊比對贏球的球隊較寬容，他們的目的是要使比賽的兩隊更勢均力敵。這也是與那「第七場心理」相同，裁判常希望季後賽能比賽到第七場，人們說這也會影響他們的判決，這都是比較極端的情況。一般主審如果能穩定遵守他們的裁判習性，不會常有同樣位置的球時好時壞，球迷是能容忍。球迷不能容忍的是那種好出風頭、裁判方法不固定、脾氣壞而且不願承認錯誤的裁判，已有三次被選為最爛裁判的巴克諾（C. B. Bucknor）便是這樣的一位。

所以今年雖然有即時重播，大聯盟比賽的裁判還是有很大的人性因素，也就還會有錯誤。所以像負責本季使用即時重播的大聯盟副總裁托瑞（Joe Torre）在去年說的一句話，我們對裁判也應該有像托瑞那樣的看法。托瑞說：「棒球賽不是完美的，我不知道我們為什麼要求每件事都要完美，人生本來就不是完美的，而棒球就像是人生的球賽。」

47 棒球預測與美國總統大選

二〇一二／十一／十一

　　關於棒球的預測很多。例如：每年球季開始前，棒球專家與球迷總會預測那隊會得冠軍，但很少人會猜對。例如：今年有多少人預測巨人隊會贏得世界大賽冠軍？有誰不會預測那有堅強先發投手陣容的費城人會得冠軍？今年可說只有兩件事不少人預測對了，一件是每年總有一、兩隊沒有人會預想到的弱隊進入季後賽，今年又再發生；另一件事是年輕投手如果在去年投太多局，今年很易表現轉壞或受傷，結果本季就有六位投手又有這狀況。

　　自從一九九五年有外卡制度後，每年總是至少有一支去年勝率是低於五成的球隊，在這季能夠進入季後賽。在之前一共十七季中，就有三十三支這樣的球隊在季後賽出線，幾乎是每季平均有兩隊，這可說是奇事。去年就是釀酒人隊與響尾蛇，這兩隊在前年的勝率都是低於五成。今年的兩隊是國民隊與紅人，國民隊去年戰績是八十勝八十一敗，紅人是七十九勝八十三敗，所以現在的大聯盟可說是弱隊興盛機會很多。

　　有人觀察二十五歲以下的投手，如果當季比賽比前季至少多

投三十局時，這投手在下一季就常會受傷或表現變差。大聯盟近六季中就有六十六位投手是有這樣的情況，結果是有四十六位在下一季不是受傷，就是防禦率變差。去年有四位二十五歲以下的投手都比前年多投至少三十局，結果是這六位投手中今年有五位的防禦率都變差，一位受傷。這六位中最有名的是遊騎兵隊的霍蘭（Derek Holland），他在前年只投57.1局，去年投一九八局，在今年他的防禦率就變成4.67（去年是3.95）。所以這年輕投手出現的這個現象是不容忽視，人們若知道這情形，現在就應會瞭解國民隊為什麼不讓二十四歲的王牌先發史特拉斯堡（Stephen Strasburg）在主投二十八場後（十五勝六敗，3.16防禦率）再上場比賽，這是因為他已投159.1局，他在去年只投二十四局。

可是雖然預測棒球很難，大聯盟對球員表現的預測研究仍是很熱衷，因為這會影響球隊對球員的聘請與投資，與球隊是否會興盛也就很有關連。美國職棒近十年來在這方面研究的泰斗，是一位名叫斯利柏（Nate Silver）的三十四歲統計師，他在二〇〇三年創造的PECOTA方法（player empirical comparison and optimization test algorithm），就是現在最精確預測球員表現的方法，預測結果發表在「Baseball Prospectus」（棒球資料）網站與雜誌。主要的方法是從他所要預測球員的表現紀錄與資料，去找到與這球員相似的一些過去球員，然後從那些球員的生涯表現去預測這球員的將來。可是誰會想到九年後，斯利柏竟然也會變成了現在美國預測政治選舉最重要的統計師？他也會影響今年美國的總統大選？

斯利柏是在密西根州長大,他六歲的時候(一九八四年),在密州底特律市的老虎隊贏了世界大賽冠軍,棒球與數學就變成了斯利柏的兩大興趣,他就說計算打擊率是他學數學的開始。斯利柏的父親是密州州立大學政治系主任,所以當然會使他對政治選舉預測也有興趣。他在芝加哥大學得了經濟學學位後,當了四年經濟顧問,並於業餘時間創造了那PECOTA預測球員表現的方法。但在二〇〇八年時他轉變興趣,變成了預測美國選舉的專家,創立了FiveThirtyEight.com網站,這就劇烈地改變了現在美國對政治選舉民意調查的方法。

　　FiveThirtyEight(538)這數字是美國總統大選的各州選舉人總票數,要被選上總統就要超過這數字的半數,那就是二七〇票。斯利柏要預測出那位候選人會先得二七〇票,他就要收集各州的民調,然後依照各種民調過去的準確度去採用,不是隨便亂用。也不是每種民調有同樣重要性,他也會考慮其他因素,然後綜合算出那位總統候選人會贏那一州,那位能得二七〇票的可能性。他的民調結果就是那位要得二七〇票的可能性是百分之幾?會一共得幾票?

　　這從各州民調綜合算出是比一般全國民調更準確,他在二〇〇八年的美國總統大選時。不但預測出歐巴馬會打敗馬侃,而且也正確地預測美國四十九州各州會選那一位候選人,只有一州沒選對!這使他一舉成名,而被《紐約時報》聘請,他的這538網站變成該報新聞網的部落格,有最多人去讀。而在今年的總統大選,他就變成了選舉預測最大的贏家!

在十一月六日總統選舉那天，除了兩家偏愛共和黨的民調機構（Gallup與Rasmussen）說羅姆尼領先歐巴馬1%與3%外，其他說歐巴馬會贏的民調也頂多說他領先2%。但斯利柏的538網站在那天大膽地預測歐巴馬會得二七○票的可能性是90.9%，羅姆尼只有9.1%！他也預測歐巴馬會得三一三票，羅姆尼得二二五票，大家現在知道歐巴馬是得了三三二票，羅姆尼得二○六票，他對全美五十州個州會選誰的預測也全對！斯利柏的預測方法使其他民調現在變成古董了，他變成了大明星，他的新書《信號與噪音》（The Signal and the Noise）也變成了全國第二暢銷書。

從我這投票給民主黨的選民觀點，我對斯利柏非常感激，他正確與科學的預測使歐巴馬從來沒有落後於羅姆尼，最少也總是有六成多可能會贏，這使我對選舉結果總是充滿信心，每天看他的部落格。我不能想像如果羅姆尼贏了，以後四年每天在電視必需要看這人，我不知要怎麼過日子？

羅姆尼可說是美國三十多年來最大的「白賊七」政客，相信台灣也有不少這樣的政客，所以球迷也應該會瞭解我的心情。因為斯利柏是棒球迷，我與他也就會有志同道合之感，我認為棒球迷是最有熱情的人，也是講公道的，斯利柏也必然與我相似，有相同看法，所以在這歐巴馬當選的時刻，我不但特寫此文慶祝，而且也要台灣球迷知道有斯利柏這樣的奇異人士。

48

棒球與人生，
勝敗都是命中注定？

二○一二／一／二

　　去年讀了CNN脫口秀《今夜》前主持人拉瑞金（Larry King）寫的一本書《說出真情》（Truth Be Told），他在書中提到甘迺迪與林肯總統的奇事，是美國歷史上最不可思議的事。最近又讀到ESPN網站棒球作家史塔克（Jayson Stark）根據棒球史紀錄寫的〈二○一一年季後賽奇事〉（Strange stuff in the 2011 postseason）一文，這使我會將人與棒球的命運聯想起來，而再肯定棒球是最能反映人生的球賽。

　　拉瑞金一共提起三十項甘迺迪與林肯相同或相似的事。例如：林肯與甘迺迪名字都是七個字母。林肯進入美國國會是在一八四六年，甘迺迪在一九四六年。林肯在一八六○年被選為總統，甘迺迪在一九六○年，這都是相差一百年。林肯秘書的名字是甘迺迪，甘迺迪的秘書是林肯。林肯住在白宮有一個孩子死了，甘迺迪也是一樣。林肯是在一位名叫福特（Ford）的人建造的劇院被暗殺，甘迺迪是在一輛福特公司製造的車子被殺死，兩人死時，他們的夫人也都坐在旁邊。

林肯死後，繼承他的人是一位叫詹森（Johnson）的美國南方人，甘迺迪死後也是由一位叫詹森的南方人繼承他，兩位詹森的全名（Andrew Johnson與Lyndon Johnson）都是十三個字母。這兩位詹森也是相差一百年出生，這與林肯和甘迺迪相差一百年進國會與變成總統相同。不但如此，暗殺林肯的布斯（John Wilkes Booth）與殺死甘迺迪的奧斯歐（Lee Harvey Oswald）也是相差一百年出生，兩人的全名也都是十五字母。布斯暗殺林肯後，從劇院逃到一間倉房，奧斯歐是從一間倉屋殺死甘迺迪後，逃到一家劇院。兩人都是被抓到後，在大眾面前被殺死。林肯與甘迺迪都是在禮拜五死去。

　　任何人讀到這些奇事，有誰不會說這奇事都是鬼神安排的？有誰不會相信人的命運是生出來就已決定了？

　　ESPN的史塔克文章主要是寫二〇一一年的紅雀隊是命中注定會贏世界大賽冠軍，這同樣也有千奇百怪的事發生。例如：紅雀隊在季終最後五場比賽前，在外卡爭奪戰中還是以三場勝差落後勇士隊。紅雀隊王牌先發投手韋恩萊特在春訓前就受傷，整季不能比賽。後來變成王牌先發的卡本特（Chris Carpenter）在六月二十二日時只有一勝。所有紅雀隊救援投手完成的出局數（八十六局）比先發投手完成的多（七十三局）。

　　紅雀隊在世界大賽有兩次只要遊騎兵隊投手能再投出一好球就被打敗，但紅雀隊竟然都能死裡逃生，世界大賽史上以前只有大都會隊於一九八六年，有一次在這情況下沒被紅襪隊打敗。紅雀隊史

上一共比賽19,387場，從來沒有一場落後五次的比賽後來能贏球，但在二○一一世界大賽第六場，紅雀隊就在這情況贏了，如果這場沒贏，就輸了這次世界大賽。世界大賽史上也從來沒有一支其他球隊在這情況下贏球，事實上，大聯盟史上前四十年所有季中比賽，也只有三隊在這情況下能反敗為勝。

在這第六場比賽前，大聯盟史上一共有1,329場季後賽，從來沒有一場比賽球隊在第八、九、十與十一局都能得分，但紅雀隊都得分了。紅雀隊在這世界大賽的對手遊騎兵隊在季終最後四十一場只有兩場沒救援成功，但在這第六場比賽有三次救援失敗。紅雀隊內野手弗里斯（David Freese）在這世界大賽第六與第七場連續三次打擊時，不但都打出安打，而且第一支安打使紅雀隊追平遊騎兵隊，第二支安打是以再見全壘打打敗遊騎兵隊，第三支安打又使紅雀隊追平遊騎兵隊。

以前世界大賽從未有打者在三次打擊時都使球隊追平或領先對手，不但是弗里斯有此壯舉，而且紅雀隊外野手克瑞格（Allen Craig）在這第一、二與三場世界大賽竟然也有相同的表現，所以有這麼多奇蹟，紅雀隊不是命中注定要贏？大家也要知道紅雀隊天王巨星普荷斯在第三場比賽中也打出了棒球的天文數字：六打數五安打、四得分、六打點，其中三支安打是全壘打，大聯盟過去九十年中只有大球星溫菲爾德（Dave Winfield）在季中一場比賽有相同表現。

任何人讀到紅雀隊的奇蹟，有誰不會相信二○一一年的紅雀隊

是命中注定要贏的球隊？任何人讀到這兩文，誰能不會認為棒球是最像人生的球賽！

49 紅襪隊命中注定，世界大賽冠軍在望

二〇一三／十／二十五

　　紅襪隊與紅雀隊的世界大賽可說是近年來最勢均力敵的決戰，兩隊不但是兩聯盟戰績最佳的球隊，也是各聯盟得分與失分差最多的球隊。人們說這是世界大賽三十四年來未有的兩強旗鼓相當，前次是一九七九年時的海盜隊與金鶯隊。從世界大賽歷史觀點，這兩隊自從二〇〇四年開始也各贏了兩次世界大賽冠軍，紅襪隊在二〇〇四與二〇〇七年，紅雀隊在二〇〇六與二〇一一年。兩隊以前在世界大賽一共對戰過三次，紅襪隊只贏一次（二〇〇四年），紅雀隊贏了其他兩次（一九四六年與一九六七年），所以今年紅襪隊是否會贏，使兩隊在世界大賽平分秋色？

　　不但是紅襪隊與紅雀隊戰績相同，令人難以預測哪隊會贏，而且兩隊比賽方法也不同，更使人不容易預測結果。有人就記錄下兩隊幾項比賽方法的差別：紅襪隊盜壘是大聯盟第四多，紅雀隊是排名第二十九；紅襪隊打出第四多的全壘打，紅雀隊是排名第二十七；紅襪隊打者被三振第八多，紅雀隊是排名第二十六；紅雀隊投手年紀是第二年輕，紅襪隊是第三老；紅雀隊投手投出的滾地

球與高飛球比例是第二高，紅襪隊投手是排名第二十三；紅雀隊球場是對投手有利的球場，打者上壘數是第三少，紅襪隊球場是對打者有利的球場，上壘數是第五多。因為有這些差別，就產生了一個重要的紀錄數字，那就是今年兩隊已比賽完的所有季後賽中，紅襪隊打者平均每場（九局）使對方投手投出157.1球，紅雀隊打者使對手投出130.6球，所以在世界大賽可能也就要看哪隊能延續他們的贏球模式。

　　紅襪隊在二十三日以八比一打敗紅雀隊贏了第一場，是不是就比較容易贏了這世界大賽？當然不是，七場比賽的季後系列賽，第一場輸贏不是很重要，老虎隊不是在美聯冠軍賽第一場就打敗紅襪隊？就算是頭兩場連敗，而且也是在主場比賽時輸了，也不是一定就會輸了世界大賽。紅襪隊非常知道這歷史，因為在1986年世界大賽時，紅襪隊就在紐約大都會隊球場於頭兩場都打敗大都會隊，但結果是兩隊比賽到第七場，而紅襪隊竟然在那場輸了。紅襪隊可能對另一個世界大賽歷史更是不敢輕忘，那就是紅襪隊歷史上所有進入的世界大賽中，從來沒有贏過最後的第七場，所以紅襪隊現在是不是一定會想在第七場之前就解決掉紅雀隊？大家要記得紅襪隊輸給紅雀隊的兩次世界大賽（一九四六年與一九六七年）就都是在第七場輸掉的。

　　紅襪隊與紅雀隊的二十三日第一場比賽結果，已使有些棒球專家的預測錯了，不少人預測紅雀隊先發投手陣容較強，誰會想到韋恩萊特在這場會被攻下五分？大家也認為已在大聯盟十六季，但從

來沒比賽過世界大賽的紅雀隊強打貝爾川（Carlos Beltran），一定會在這世界大賽大顯身手而使紅雀隊贏球，誰會想到他只比賽兩局就受傷了？我是預測紅襪隊會在第六場以四比二贏了世界大賽，因為大家知道我一直相信棒球是與人的命運一樣，與運氣好壞息息相關，我是一個七十六歲的老頭，大家要相信我世面見多了。我認為今年的紅襪隊是命中注定會贏的球隊，因為如果紅襪隊不是這樣的球隊，他們怎麼能夠在與老虎隊的美聯冠軍賽第二場第八局、以及第六場第七局各打出一支滿貫全壘打而逆轉勝？這可說是不可能發生的事，唯有命中注定會贏的球隊才會有這樣的奇蹟發生！

新鋭生活07　PE0066

新鋭文創
INDEPENDENT & UNIQUE　　輕鬆看懂美國職棒

作　　者	許昭彥
責任編輯	林泰宏
圖文排版	張慧雯
封面設計	秦禎翊

出版策劃	新鋭文創
發 行 人	宋政坤
法律顧問	毛國樑　律師
製作發行	秀威資訊科技股份有限公司
	114 台北市內湖區瑞光路76巷65號1樓
	電話：+886-2-2796-3638　傳真：+886-2-2796-1377
	服務信箱：service@showwe.com.tw
	http://www.showwe.com.tw
郵政劃撥	19563868　戶名：秀威資訊科技股份有限公司
展售門市	國家書店【松江門市】
	104 台北市中山區松江路209號1樓
	電話：+886-2-2518-0207　傳真：+886-2-2518-0778
網路訂購	秀威網路書店：http://www.bodbooks.com.tw
	國家網路書店：http://www.govbooks.com.tw

出版日期	2014年7月　BOD一版
定　　價	280元

國家圖書館出版品預行編目

輕鬆看懂美國職棒 / 許昭彥著. -- 一版. -- 臺北市：新銳
文創, 2014.07
　　面；　公分. -- (新銳生活；PE0066)
ISBN 978-986-5716-14-1(平裝)

1. 職業棒球　2. 美國

528.955　　　　　　　　　　　　　　103009444

讀者回函卡

感謝您購買本書，為提升服務品質，請填妥以下資料，將讀者回函卡直接寄回或傳真本公司，收到您的寶貴意見後，我們會收藏記錄及檢討，謝謝！
如您需要了解本公司最新出版書目、購書優惠或企劃活動，歡迎您上網查詢或下載相關資料：http:// www.showwe.com.tw

您購買的書名：＿＿＿＿＿＿＿＿＿＿＿＿＿＿＿＿＿＿＿＿＿

出生日期：＿＿＿＿年＿＿＿＿月＿＿＿＿日

學歷：□高中 (含) 以下　　□大專　　□研究所 (含) 以上

職業：□製造業　□金融業　□資訊業　□軍警　□傳播業　□自由業
　　　□服務業　□公務員　□教職　　□學生　□家管　□其它＿＿＿

購書地點：□網路書店　□實體書店　□書展　□郵購　□贈閱　□其他

您從何得知本書的消息？

　□網路書店　□實體書店　□網路搜尋　□電子報　□書訊　□雜誌

　□傳播媒體　□親友推薦　□網站推薦　□部落格　□其他＿＿＿＿＿

您對本書的評價：(請填代號　1.非常滿意　2.滿意　3.尚可　4.再改進)

　封面設計＿＿　版面編排＿＿　內容＿＿　文／譯筆＿＿　價格＿＿

讀完書後您覺得：

　□很有收穫　□有收穫　□收穫不多　□沒收穫

對我們的建議：＿＿＿＿＿＿＿＿＿＿＿＿＿＿＿＿＿＿＿＿＿

＿＿＿＿＿＿＿＿＿＿＿＿＿＿＿＿＿＿＿＿＿＿＿＿＿＿＿＿＿

＿＿＿＿＿＿＿＿＿＿＿＿＿＿＿＿＿＿＿＿＿＿＿＿＿＿＿＿＿

＿＿＿＿＿＿＿＿＿＿＿＿＿＿＿＿＿＿＿＿＿＿＿＿＿＿＿＿＿

11466
台北市內湖區瑞光路 76 巷 65 號 1 樓

秀威資訊科技股份有限公司　　　　收

BOD 數位出版事業部

....

（請沿線對折寄回，謝謝！）

姓　　名：＿＿＿＿＿＿＿＿＿　年齡：＿＿＿＿　性別：□女　□男

郵遞區號：□□□□□

地　　址：＿＿＿＿＿＿＿＿＿＿＿＿＿＿＿＿＿＿＿＿

聯絡電話：(日) ＿＿＿＿＿＿＿＿＿　(夜) ＿＿＿＿＿＿＿＿＿

E-mail：＿＿＿＿＿＿＿＿＿＿＿＿＿＿＿＿＿＿＿＿